DEN BESTE ELEKTRISKE RØYKERKOKEBOKEN

MESTRE KUNSTEN Å LAGE MAT MED ELEKTRISK RØYKER MED OVER 100 DEILIGE OPPSKRIFTER OG PROFESJONELLE TIPS FOR PERFEKTE RESULTATER HVER GANG

Maria Fredriksen

Alle rettigheter forbeholdt.

Ansvarsfraskrivelse

Informasjonen i denne e-boken er ment å tjene som en omfattende samling av strategier som forfatteren av denne e-boken har forsket på. Sammendrag, strategier, tips og triks anbefales kun av forfatteren, og å lese denne e-boken vil ikke garantere at ens resultater nøyaktig vil speile forfatterens resultater. Forfatteren av e-boken har gjort alle rimelige anstrengelser for å gi oppdatert og nøyaktig informasjon til leserne av e-boken. Forfatteren og hans medarbeidere vil ikke holdes ansvarlige for eventuelle utilsiktede feil eller utelatelser som kan bli funnet. Materialet i e-boken kan inneholde informasjon fra tredjeparter. Tredjepartsmateriale inkluderer meninger uttrykt av deres eiere. Som sådan påtar ikke forfatteren av e-boken seg ansvar eller ansvar for tredjepartsmateriale eller meninger. Enten på grunn av utviklingen av internett, eller uforutsette endringer i selskapets retningslinjer og redaksjonelle retningslinjer for innsending, kan det som er oppgitt som faktum på tidspunktet for skriving bli utdatert eller ubrukelig senere.

E-boken er copyright © 2023 med alle rettigheter reservert. Det er ulovlig å omdistribuere, kopiere eller lage avledet arbeid fra denne e-boken helt eller delvis. Ingen deler av denne rapporten kan reproduseres eller retransmitteres i noen som helst form uten uttrykkelig skriftlig og signert tillatelse fra forfatteren.

INNHOLDSFORTEGNELSE

INNHOLDSFORTEGNELSE 3

INNLEDNING 6

RØKT FROKOST .... ERROR! BOOKMARK NOT DEFINED.

    1. CHEDDARSCONES 8
    2. KYLLINGTE-SMØRBRØD 10
    3. GRESSLØKPOTETPANNEKAKER 12
    4. AVOKADO FYLT MED RØKT FISK 15
    5. BACON OG RØKTE ØSTERS 18
    6. BAKTE EGG MED RØKELAKS 20
    7. POTETCHIPS MED RØKT LAKS 22
    8. POSJERT EGG OG RØKELAKS 25
    9. KONSERVERTE EGGEPLOMMER 28
    10. SALTSALTEDE EGG 30
    11. LITT RØYKFYLT SOYASAUS EGG 33
    12. KARRI SYLTEDE EGG 36
    13. BETE-SYLTEDE EGG 39
    14. MAISMUFFINS MED RØKT KALKUN 42
    15. RØKT LAKS MED POTETPANNEKAKER 44

RØKTE APPETITSER .... ERROR! BOOKMARK NOT DEFINED.

    16. RØKT SOMMERVANNMELONSPYD 47
    17. RØKT OSTET TOMATDIP 49
    18. RØKT MAYO POTETSALAT 52
    19. VARM OG KRYDRET RØKT SOPP 54
    20. SITRUSAKTIG RØKT HUMMUS 56
    21. RØKT MAYO-EGG MED BACON 59
    22. HJEMMELAGET RØKT OST 62
    23. RØKT HÅNDVERKSBACON OG KRABBEKJØTT 64
    24. RØKT HONNINGBRØD 67
    25. RØKT HONNINGSKRIP MED BACON 71
    26. OSTERAVIOLI MED RØKT SAUS 75

RØKT SJØMAT FEIL .... ERROR! BOOKMARK NOT DEFINED.

31. DEILIG RØKT KVEITE 88
32. RØKT REKER TILAPIA 91
33. CAJUN KRYDRET RØKT REKER 94
34. TIMIAN HERBED RØKT HAVABBOR 96
35. KIELBASA RØKT PØLSE REKER MIX 99
36. BASILIKUM RØKTE REKER OG KAMSKJELL KEBAB 102
37. SVART LITCHI-TE RØKT HUMMER 104
38. CANNELLINI OG RØKT SIK DIP 107

RØKT FJERFE .... ERROR! BOOKMARK NOT DEFINED.

43. RØKT BBQ KYLLINGVINGER 117
44. RØKT AVOKADO CORNISH HØNER 120
45. RØKT SITRUSAKTIGE KYLLINGBRYST 122
46. KRYDRET RIK RØKT KYLLING 125
47. VARM SAUS RØKT KYLLINGVINGER 128

RØKT KJØTT .... ERROR! BOOKMARK NOT DEFINED.

54. PEPPERAKTIG RØKT BRISKET 146
55. BIG GAME RUBBED SMOKED PULLED PORK 149
56. GARLICKY RØKT KVERNET SVINEKJØTT 152
57. RØKT LAMMEKJØTTBOLLER 155

RØKTE GRØNNSAKER .... ERROR! BOOKMARK NOT DEFINED.

68. SKÅL MED RØKT GULRØTTER OG POTETER 179
69. RØKT HVITLØK ROSENKÅL 181
70. STEKT BACON MED GRØNNE BØNNER 183
71. RØKTE VANNMELONSPYD 185
72. RØKT OSTESOPP 187
73. RØKTE GRØNNSAKER MED KYLLINGKRYDDER 189
74. RØKT MAYO POTETSALAT 192
75. RØKTE GRØNNSAKER MED KREMET MAIS 196
76. SMOKED PEPPERY OKRA 199
77. EN PANNE KALDRØKT OST 201
78. RØKTE BØNNER OG DIJONSENNEPSSALAT 204

79. Canolaolje Røkt sopp 207

80. Røkt grønnsaker med sopp 210

81. Kanel røkt eikenøtter Squash 213

82. Røkt gul squash med sopp 215

RØKTE DESSERTER .... ERROR! BOOKMARK NOT DEFINED.

93. Sjokoladepudding med røkt iskrem 243

94. Røkt fersken med vaniljeis 247

95. Røkt lakseostkake 249

96. Mais og røkt kalkunpudding 252

97. Tranebærkjeks 255

98. Kremet røkelaks og dillterte 258

99. Agurkerunder med røkelaks 261

100. Latkes med røkelaks 263

KONKLUSJON **266**

INTRODUKSJON

I dag vokser interessen for BBQ som aldri før, med lokale konkurranser dukker opp over alt og saktekokt, røkt kjøtt på vei fra vanskelig å finne hytter i skogen til velstelte forstadsområder. Folk elsker grillmat og uttrykker den kjærligheten ved å lære hvordan man gjør det. Hvis du har bestemt deg for å lære deg håndverket, eller selv om du har kokt et par baker i løpet av dagen, har du sannsynligvis kommet over millioner blogger, fora, bøker og magasiner som er tilgjengelige for de som ønsker å utføre kjøttetende alkymi , og du har sannsynligvis blitt overveldet av det hele. Det vet jeg at jeg også var.

Nå for tiden er ordet grilling synonymt med utendørs grilling, men lenge ble de ansett som svært forskjellige. Historien om grilling og grilling og hvordan de henger sammen kan til tider være forvirrende, men den ene tingen historikere er enige om er at grillen stammer fra det indianerordet "barbacoa", som var ordet for en hevet trestativ som ble brukt blant annet å tilberede kjøtt og annen mat over lavt bål i lengre tid. I dag bruker flere og flere mennesker gass- eller elektriske griller som lar dem justere varmen for rask grilling eller sakte grilling. Og det er fortsatt stor etterspørsel etter vedgriller

Alle disse forskjellige metodene kan skape forskjellige smaksopplevelser, noe som gir mer varierte tillegg til middagstiden. En vanlig måte å lage mat på er å bruke en grill, mer spesifikt til grillmat. Her er hvordan denne matlagingsstilen ble populær. Gjennom årene har det vært mange endringer i måten folk lager mat på, og spesielt måten folk griller kjøttet på. Griller har gått fra å være ineffektive og rotete til å være populære og avslappende matlagingsmetoder som brukes av verden i dag. Opprinnelig ble all grilling og grilling gjort med vedkubber som eneste drivstoffkilde. Energi fra forbrenningen kokte kjøttet, og røyk fra veden og fra dryppende juice ga en særegen forførende duft som er essensen av grillmat. Men det er vanskelig å kontrollere energi og smak når du lager mat med ved, så i dag er det bare noen få eksperter som er utstyrt med spesialrigger som lager mat kun med ved.

1. Cheddar scones

Utbytte: 8 porsjoner

Ingrediens

- 4 kopper Kjeksblanding
- 1¼ kopper Melk
- 2 Egg
- ¼ kopp Smør; smeltet
- 2½ kopper Finrevet cheddarost
- Røkt kalkun; tynt kuttet

1. Kombiner kjeksblanding, melk, egg, smør og ost; bland godt til ingrediensene er fuktet.
2. Slipp av spiseskjeer på en lett smurt bakeplate. Forvarm ovnen til 400øF; stek i 12 til 14 minutter eller til de er gyldenbrune. Ta ut av ovnen og avkjøl litt før du fjerner fra bakeplaten.
3. For å servere, skjær scones i to og fyll med en liten skive kalkun.

2. Kylling te smørbrød

Utbytte: 12 porsjoner

Ingrediens

- 3 kopper Kylling buljong; eller vann
- 2 Hele benfrie kyllingbryst; med hud
- 1 kopp Majones
- ⅓ kopp hakket sjalottløk
- 1 ts finhakket fersk estragon
- 24 skiver Hjemmelaget hvitt brød; skåret veldig tynne
- ½ kopp Finhakkede røkte mandler

1. Kok opp buljong eller vann i en dyp stekepanne og tilsett kyllingbryst i ett lag. Reduser varmen og posjer kyllingen ved å småkoke, snu en gang, 7 minutter.
2. I en bolle, rør sammen kylling, ½ c majones, sjalottløk, estragon og salt og pepper etter smak.
3. Lag 12 smørbrød med kyllingsalat og brød, press forsiktig sammen.
4. Kutt 2 runder fra hver sandwich med en 2" rund kutter.
5. Legg mandler på en liten tallerken og fordel kantene på rundene med resterende ½ c majones for å dekke godt. Rull kantene i mandler.

3. Gressløkpotetpannekaker

Utbytte: 6 porsjoner

Ingrediens

- 2 pund rødbrune poteter; skrelles og kuttes
- 1 medium løk; kuttes i biter
- 2 spiseskjeer Matzo måltid; eller universalmel
- 2 egg; separert
- 4 spiseskjeer Fersk gressløk; hakket
- 2 teskjeer Salt
- ½ ts Hvit pepper
- ⅔ kopp Maisolje; til steking
- 6 gram Røkt laks; tynt kuttet
- 3 gram Gylden kaviar

1. Riv poteter og løk i en foodprosessor. Overfør innholdet i arbeidsbollen til en stor bolle.

2. Legg en stor sil over en middels bolle. Plasser potet- og løkblandingen i en sil og trykk godt for å trekke ut væsker; reservevæsker.

3. Ha potetblandingen tilbake i en stor bolle. Bland inn matzomel, eggeplommer, gressløk, salt og pepper. Tilsett pasta til potetdeigen. Pisk eggehvitene til de er stive, men ikke tørre; brett inn i røren.

4. Varm opp ⅓ kopp olje i hver av 2 tunge store gryter over middels høy varme. Slipp 1 haugevis av potetdeig per pannekake i varm olje; fordel hver til 3" diameter. Stek pannekaker til bunnen er brun

4. Avokado fylt med røkt fisk

Utbytte: 4 porsjoner

Ingrediens

- 4 Hardkokte egg
- ¼ kopp Melk
- ¼ kopp Silet fersk limejuice
- ¼ ts Sukker
- ½ ts Salt
- ⅓ kopp Vegetabilsk olje
- 2 spiseskjeer Oliven olje
- ½ pund Røkt sik
- 2 store Modne avokadoer
- 12 Strimler av frisk rød paprika

1. Mos eggeplommene og melken i en dyp bolle med en skje eller bordgaffel til de danner en jevn pasta. Tilsett 1 ss limesaft, sukker og salt.
2. Slå deretter inn vegetabilsk olje, en teskje eller så om gangen; sørg for at hver tilsetning er absorbert før du legger til flere. Tilsett olivenolje i teskjeer, pisk hele tiden. Rør inn resten av limesaften i sausen og smak til med krydder.

3. Ha fisken i en bolle og flak den fint med en gaffel. Tilsett de hakkede eggehvitene og sausen, og bland forsiktig, men grundig.

4. Hell fiskeblandingen inn i avokadohalvdelene

5. Bacon og røkte østers

Utbytte: 15 porsjoner

Ingrediens

- 2 bokser Røkt østers
- ¼ kopp Lett vegetabilsk olje
- ½ pund Baconstrimler
- 40 Runde tannpirkere i tre
- 3 spiseskjeer Hvitløk, finhakket

1. Skjær baconstrimler i tredjedeler.

2. Pakk en baconskive rundt hver østers og stikk en tannpirker gjennom for å holde den på plass.

3. Varm opp olje i en middels stekepanne og tilsett hvitløk.

4. Kok innpakket østers i olje til baconet er sprøtt.

5. Fjern fra pannen og renne av på et papirhåndkle for å renne av.

6. Bakte egg med røkelaks

Utbytte: 2 porsjoner

Ingrediens

- 2 spiseskjeer Smør
- 3 spiseskjeer Myke brødsmuler
- 2 Egg
- 1 Fedd hvitløk; hakket
- 2 unser Kremost
- 2 unser Røkt laks; oppskåret
- 2 unser Skarp cheddarost; raspet
- 1 tomat; tykke skiver

1. Smørgryteretter . Trykk 2 til 3 ts brødsmuler på bunnen og sidene av hver. Bland resterende smuler med 1 ts smør, reserver. Knekk et egg i hver rett. Mos hvitløk med kremost og legg forsiktig over egg. Legg til røkelaks, brett lange strimler etter behov.

2. Dryss revet cheddar over laksen. Legg 1 tallerken tomatskiver. Smuldre halvparten av brødsmulene over hver tallerken og stek i en 350 graders ovn i 8 til 15 minutter (avhengig av hvordan du liker eggene), og stek deretter i 2 til 3 minutter til toppen er brun og litt sprø. Server med en gang.

7. Potetchips med røkt laks

Utbytte: 50 porsjoner

Ingrediens

- 2 rødbrune poteter
- Oliven olje
- 14 oz røkt laks -- i skiver
- 6 oz yoghurtost
- 1 ts finrevet sitronskall
- 2 ss hakket gressløk
- 2 ss oppskåret fersk dill
- Salt og nykvernet: sort pepper
- Dillkvister og gressløk til : pynt

1. Forvarm ovnen til 375 grader. Kle 2 store stekeplater med bakepapir. Med en mandolin eller annen manuell skjærer, kutt poteter i $\frac{1}{8}$-tommers skiver. Legg skivene på en bakepapirkledd form og pensle med olje. Dryss poteter med salt og pepper. Stek poteter midt i ovnen til de er gyldne, 15~20 minutter , og overfør straks skivene til en rist med en slikkepott for å avkjøles helt. Trim laksen og skjær den i ca 1 x 3-tommers skiver eller 50 uregelmessige stykker.

2. Kombiner yoghurt-ost med sitronskall, gressløk og dill. Topp hver potetgull med 1 ts yoghurt-ost og 1 skive røkelaks. Pynt med dill, pynt tallerken med hel gressløk.

8. Posjerte egg og røkelaks

Utbytte: 4 porsjoner

Ingrediens

- ½ kopp rømme
- 3 spiseskje klippet gressløk
- 2 spiseskje hvitvin
- salt; å smake
- nykvernet svart pepper; å smake
- 4 stor egg
- 4 stor nettopp bakte poteter
- 4 unse røkt laks; julienned
- 1 klippet gressløk
- 1 finhakket rødløk kaviar

1. Kombiner rømme, gressløk og hvitvin i en liten bolle; Smak til med salt og pepper. Sette til side. I en grunne gryte eller panne, kok 2 tommer kaldt vann og eddik over middels varme. Reduser varmen til vannet koker forsiktig. Knekk egg, ett om gangen, i en ramekin eller kaffekopp. Hold ramekin så nær vannet som mulig, og slipp egget forsiktig ned i vannet. Posjer egg 3 minutter for svært bløtkokte, 5 minutter for middels myke.

2. Bruk en hullsleiv og øs ut egg. Tørk om nødvendig forsiktig med tørkepapir. Skjær opp toppen av bakte poteter og klem. Topp med eggene og laksestrimler på kryss og tvers over.

Bruk en klemflaske eller en teskje, drypp rømmesaus over laks og rundt poteter.

3. Pynt dekorativt med gressløk, løk og kaviar og server umiddelbart.

9. Konserverte eggeplommer

Ingrediens

- 1½ kopp sukker
- 1½ kopp kosher salt
- 8 egg

1. Kombiner 1 kopp sukker og 1 kopp salt i bunnen av en 8-tommers firkantet panne eller beholder som er stor nok til å inneholde åtte eggeplommer uten å berøre.

2. Bruk baksiden av en suppeskje til å forme åtte jevnt fordelte fordypninger i salt- og sukkerkuren. Ikke grav for dypt; du vil at hver del av bunnen av eggeplommen skal berøre sukker og salt.

3. I en egen tallerken, skille ett egg. Ha eggeplommen forsiktig over i en av fordypningene, og behold eggehviten til annen bruk. Følg etter med resten av eggene, ett om gangen. Det er greit hvis du ved et uhell bryter en eggeplomme, men det er best å holde den intakt.

4. Hell forsiktig den resterende ½ koppen sukker og ½ kopp salt på toppen av eggeplommene for å danne små hauger. Pass på at eggeplommene er helt dekket.

5. Dekk fatet eller beholderen med et tett lokk eller plastfolie. Flytt den forsiktig til kjøleskapet og la eggeplommene herde i 4 dager.

6. Legg en rist på en bakeplate. Legg eggeplommene på rist, og skyv deretter pannen inn i ovnen. La dem tørke og herde ferdig i 35 minutter. Plommene dine er nå klare til bruk.

10. Saltsaltede egg

Ingrediens

- 6 egg

- ¾ kopp kosher salt 3 kopper vann

1. Plasser en 3-liters (eller større) beholder med lokk på en stabil overflate på et kjølig, bortgjemt sted vekk fra direkte sollys. Legg forsiktig de hele eggene i beholderen, pass på så du ikke bryter dem mens du går.

2. Bland salt og vann i en mugge og rør til du har en grumsete saltlake. Hell forsiktig saltlaken over eggene for å dekke dem helt.

3. La eggene ligge i saltlaken i minst 5 uker. Etter 12 uker vil de være for salte til å nytes. Det vil ikke være noen visuell endring i eggene.

4. For å koke eggene, sett en liten kjele på toppen av komfyren. Fjern eggene forsiktig fra saltlaken og legg dem forsiktig i bunnen av kjelen

Hell en mugge med ferskvann over eggene for å dekke dem helt. Dekk til kjelen og kok over høy varme til vannet koker raskt. Slå av varmen, hold kjelen tildekket og still inn en timer på 6 minutter.

Når tiden er ute, tøm eggene umiddelbart og kjør dem under kaldt vann til de er kjølige nok til å håndtere. Bruk umiddelbart, eller oppbevar i kjøleskap i opptil 1 uke.

5. For å servere ruller du forsiktig et egg for å knekke skallet over det hele. Skrell eggene. Hviten vil være stiv, men myk, og eggeplommen vil være veldig fast og lys. Spis eggene hele, del dem i to på langs, eller hakk.

11. Litt røykfylt soyasaus egg

Ingrediens

- 6 egg
- 1½ kopper vann
- 1 kopp soyasaus
- 2 ss riseddik
- 2 ss sukker
- 4 ts lapsang souchong te, i en tepose eller teball for enkel fjerning

1. Legg eggene forsiktig i et enkelt lag i en middels kjele og dekk med 2 tommer vann. Dekk til kjelen og kok over høy varme til vannet koker raskt. Slå av varmen, hold kjelen tildekket og still inn en timer på 6 minutter. Når tiden er ute, tøm eggene umiddelbart og kjør dem under kaldt vann til de er kjølige nok til å håndtere.

2. Sett kasserollen tilbake på komfyren og tilsett vann, soyasaus, eddik, sukker og te. Kok opp denne saltlaken, rør for å løse opp sukkeret. Slå av varmen og dekk til saltlaken for å holde den varm.

3. I mellomtiden knekker du eggeskallene for å få et egg som ser knust ut, eller skrell dem helt for et jevnt utseende og mer soyasaussmak. For å knekke et eggeskall, bank toppen og bunnen forsiktig mot benkeplaten, og rull den deretter langs siden. Hvis du skreller eggene helt, for best resultat, begynn å skrelle eggene fra den store, runde toppen, hvor du vil legge merke til en liten lomme med plass under skallet.

4. Plasser de knuste eller skrellede eggene i en 1½ liter hermetikkkrukke. Kast teen og hell saltlaken over eggene for å senke dem helt ned. Hvis eggene flyter, tyng dem ned med en liten ziplock-pose full av vann.

5. Dekk til eggene og sett i kjøleskap i minst 6 timer for å la dem få smaken av saltlaken.

12. Karri syltede egg

Ingrediens

- 6 egg
- 2 ss spisskummen frø
- 2 ts malt koriander
- 1½ kopper vann
- 1 kopp eplecidereddik
- 3 fedd hvitløk, knust og skrellet
- 3 tynne skiver fersk ingefær
- 2 ts malt gurkemeie
- 2 ts sorte pepperkorn
- 2 ts kosher salt

1. Legg eggene forsiktig i et enkelt lag i en middels kjele og dekk med 2 tommer vann. Dekk til kjelen og kok over høy varme til vannet koker raskt. Slå av varmen, hold kjelen tildekket og still inn en timer på 6 minutter.

2. Tilsett spisskummen og korianderen og rist på middels varme, rør ofte, til de blir duftende, ca. 2½ minutter. Tilsett umiddelbart 1½ kopper vann for å stoppe kokingen, og tilsett deretter eddik, hvitløk, ingefær, gurkemeie, pepperkorn og salt. Skru opp varmen og kok opp saltlaken.

3. I mellomtiden knekker du et eggeskall ved å banke toppen og bunnen forsiktig mot benkeplaten, og deretter rulle det langs siden.

4. Legg de skrellede eggene i en 1½ liter hermetikkkrukke. Hell saltlaken (inkludert dens faste stoffer) over eggene for å senke dem ned i saltlaken.

5. Dekk til eggene og sett i kjøleskap i minst 4 dager for å la dem få smaken av saltlaken.

13. Bete-syltede egg

-

Ingrediens

- 6 egg
- 1 veldig liten rødbete, skrellet og delt i kvarte
- 1 hvitløksfedd, knust og skrellet
- 2 ts sukker
- 2 ts kosher salt
- 1 ts sorte pepperkorn
- ½ ts sellerifrø
- ½ ts dillfrø
- ¼ teskje rød pepperflak (valgfritt)
- 2 hele nellik
- 1 lite laurbærblad
- 1½ kopper vann
- ¾ kopp eplecidereddik

1. Legg eggene forsiktig i et enkelt lag i en middels kjele og dekk med 2 tommer vann. Dekk til kjelen og kok over høy varme til vannet koker raskt. Slå av varmen, hold kjelen tildekket og still inn en timer på 6 minutter.

2. Kombiner rødbeter, hvitløk, sukker, salt, pepperkorn, sellerifrø, dillfrø, pepperflak, nellik, laurbærblad, vann og eddik i kjelen over høy varme. Kok opp denne saltlaken, rør for å løse opp sukker og salt.

3. I mellomtiden knekker du et eggeskall ved å banke toppen og bunnen forsiktig mot benkeplaten, og deretter rulle det langs siden.

4. Legg de skrellede eggene i en $1\frac{1}{2}$ liter hermetikkkrukke. Hell den varme saltlaken over eggene

14. Maismuffins med røkt kalkun

Utbytte: 36 porsjoner

Ingrediens

- 1½ kopper gult maismel
- 1 kopp mel, siktet allsidig
- ⅓ kopp sukker
- 1 ss bakepulver
- 1 ts salt
- 1½ kopper melk
- ¾ kopp smør, smeltet, avkjølt
- 2 egg, litt pisket
- ½ pund røkt kalkunbryst, i tynne skiver
- ½ kopp tranebærrelish eller honningsennep

1. Forvarm ovnen til 400 grader. Smør muffinsformer. Bland maismel, mel, sukker, bakepulver og salt i en stor bolle. Bland melk, smør og egg sammen i en middels bolle. Rør melkeblandingen inn i maismelblandingen til den akkurat er fuktet. Hell røren i muffinsformer. Stek til de er gyldne, 14-16 minutter. La avkjøles på rist i fem minutter. Fjern fra panner og la avkjøles helt.

2. For å servere, legg en liten mengde røkt kalkun på en oppskåret muffins som er spredt med tranebærrelish eller honningsennep.

15. Røkt laks med potetpannekaker

Utbytte: 2 porsjoner

Ingrediens

- 150 gram potetmos
- 15 milliliter hvitt mel
- 30 milliliter melk
- 2 egg, pisket
- Salt og nykvernet sort pepper
- 1 salatløk; finhakket
- 100 gram røkelaks
- 1 ss olivenolje
- 225 gram Lettrøkt laksefilet
- 2 egg, posjert

1. Bland potet, mel, melk, egg og krydder til en jevn røre.
2. Rør inn løk og laks.
3. Varm opp en stekepanne, tilsett litt olje og hell i en stor skje av blandingen. Blandingen skal lage ca 6-8 pannekaker, hver 8 cm (3") i diameter. Stek hver side i 1-2 minutter på middels varme eller til de er gyldenbrune. Sett til side og hold varm. Varm olivenoljen i en stekepanne , tilsett skivene av lettrøkt laksefilet og stek i 1 minutt på hver side.

16. Røkt sommervannmelonspyd

Serverer 5

Ingrediens

- 1 liten vannmelon uten frø
- Balsamicoeddik
- Trespyd
- Skjær endene av små vannmeloner uten frø

Skjær vannmelonen i 1-tommers terninger. Legg terningene i en beholder og drypp eddik på terningene av vannmelon.

Forvarm den elektriske røykeren til 225 °F (107 °C). Tilsett flis og vann i den elektriske røykeren før du starter forvarmingen.

Legg terningene på spydene.

Legg spydene på den elektriske røykstativet i 50 minutter . Kokk.

Fjern spydene. Tjene!

17. Røkt ostet tomatdip

Server 4

Ingrediens

- 8 unser (227 g) røkt mozzarellaost, strimlet
- 8 unser (227 g) Colby ost, strimlet
- 1 kopp parmesanost, revet
- 1 kopp rømme
- 1 kopp soltørkede tomater
- 1 og ½ ts salt
- 1 ts nykvernet pepper
- 1 ts tørket basilikum
- 1 ts tørket oregano
- 1 ts rød pepperflak
- 1 fedd hvitløk, finhakket
- 1 ts løkpulver fransk toast, servering

Forvarm din elektriske røyker til 275 grader Fahrenheit (135 °C) ved å bruke ditt foretrukne tre

Ta en stor bolle og rør inn ostene, tomatene, pepper, salt, basilikum, oregano, røde pepperflak, hvitløk, løkpulver og bland godt

Overfør blandingen til en liten metallpanne og overfør til en elektrisk røyker. Røyk i 1 time. Server med ristet franskbrød Nyt!

18. Røkt Mayo Potetsalat

Server 4

Ingrediens

- 2 lb (907 g) poteter
- 2 ss olivenolje
- 2 kopper majones
- 1 ss hvitvinseddik
- 1 ss tørr sennep
- ½ løk, hakket
- 2 stangselleri, hakket
- Salt og pepper, etter smak

Dekk potetene med olje.

Røyk potetene i trepelletsgrillen ved 180 grader F i 20 minutter .

Øk temperaturen til 450 grader F (232 °C) og kok i 20 minutter til . Ha over i en bolle og la avkjøles.

Skrell poteter. Skjær i terninger.

Avkjøl i 30 minutter . Rør inn resten av ingrediensene .

19. Varm og krydret røkt sopp

Serverer 6

4 kopper Shiitake-sopp

1 ss rapsolje

1 ts løkpulver

1 ts granulert hvitløk

1 ts salt

1 ts pepper

Kombiner alle ingrediensene sammen

Påfør blandingen sjenerøst over soppen.

Forvarm den elektriske røykeren til 82 °C (180 °F). Legg flis og en halv bolle med vann i sidebrettet.

Plasser den i den elektriske røykeren og røyk i 45 minutter . Server varm og nyt.

20. Sitrusaktig røkt hummus

Serverer 6

1 ½ kopper kikerter, skyllet og drenert

¼ kopp tahini

1 ss hvitløk, finhakket

2 ss ekstra virgin olivenolje

1 ts salt

4 ss sitronsaft

Fyr grillen til 177 °C (350 °F). Bruk ønsket trepellets når du lager mat. Lukk lokket og forvarm i 15 minutter.

Fordel kikertene på et platebrett og legg på grillristen. Røyk i 20 minutter.

La kikertene avkjøles i romtemperatur.

Ha røkte kikerter i en blender eller foodprosessor. Ha i resten av ingrediensene. Puls til jevn.

Server gjerne med stekte grønnsaker.

21. Røkt Mayo egg med bacon

Serverer 6

6 store egg

1 skive bacon

¼ kopp majones

1 ts dijonsennep

1 ts eplecidereddik

1 ts paprika Klype kosher salt

1 ss gressløk, hakket

Forvarm pelletsgrillen til 180 °F (82 °C) og slå på røykinnstillingen, hvis aktuelt.

Kok opp en kjele med vann. Tilsett egg og hardkok egg i ca 12 minutter.

Ta eggene ut av kjelen og legg dem i et isvannsbad. Når eggene er helt avkjølt, skrell dem og del dem i to på langs.

Legg egg i skiver på grillen med eggeplommen opp. Røyk i 30 til 45 minutter , avhengig av hvor mye røyksmak du vil ha.

Mens egg ryker koker du bacon til det er sprøtt.

Fjern eggene fra grillen og la avkjøles på en tallerken.

Fjern eggeplommene og legg alle i en liten bolle. Legg eggehvitene på en tallerken.

Mos eggeplommer med en gaffel og tilsett majones, sennep, eplecidereddik, paprika og salt. Rør til kombinert.

Hell en skje med eggeplommeblandingen tilbake i hver eggehvite.

Dryss paprika, gressløk og sprø baconbiter til pynt. Server og nyt!

22. Hjemmelaget røkt ost

Server 4

1 (2-pund / 907-g) blokk medium cheddarost, eller din favorittost, delt i kvarte på langs

Forsyn din elektriske røyker med trepellets og følg produsentens spesifikke oppstartsprosedyre. Forvarm grillen, med lokket lukket, til 90°F (32°C).

Legg osten direkte på grillristen og røyk i 2 timer, 30 minutter, sjekk ofte for å sikre at den ikke smelter. Hvis osten begynner å smelte, prøv å snu den. Hvis det ikke hjelper, fjern det fra grillen og kjøl i ca 1 time og sett det tilbake i den kalde elektriske røykeren.

Fjern osten, legg den i en pose med glidelås og avkjøl natten over.

Skjær osten i skiver og server med kjeks, eller riv den og bruk til å lage en røkt mac and cheese.

23. Røkt håndverksbacon og krabbekjøtt

Serverer 6 til 8

- 12 store jalapeñopepper
- 8 unser (227 g) kremost, ved romtemperatur
- Finrevet skall av 1 sitron
- 1 ts Old Bay krydder, eller etter smak
- 8 unser (227 g) krabbekjøtt, drenert, plukket over og finstrimlet eller hakket
- Søt eller røkt paprika, til dryss
- 12 strimler håndverksbacon, delt på tvers i to

Sett opp din elektriske røyker etter produsentens instruksjoner og forvarm til 350°F (177°C). (Ja, jeg vet at dette er varmere enn den konvensjonelle lav- og saktemetoden – den gir deg sprøere bacon.) Tilsett veden som spesifisert av produsenten.

Skjær hver jalapeño i to på langs, skjær gjennom stilken og la den stå på plass.

Skrap ut frø og årer; en grapefruktskje eller melonballer fungerer godt til dette. Plasser jalapeño-halvdelene på en rist med kuttesiden opp.

Ha kremosten i en miksebolle. Tilsett sitronskall og Old Bay-krydderet og pisk med en tresleiv til det blir lyst. Brett forsiktig inn krabben.

Hell en haug med spiseskje med krabbeblanding i hver jalapeño-halvdel, legg den mot midten. Dryss over paprika.

Pakk hver jalapeño-halvdel med en stripe bacon (du vil ha fyllet synlig i hver ende).

Fest baconet med en tannpirker og legg poppersene i ett lag på rist.

Plasser trådstativet i den elektriske røykemaskinen. Røyk poppers til baconet og fyllet er brunet og paprikaen er møre (klem dem mellom tommelen og pekefingeren), 30 til 40 minutter.

Overfør poppers til et fat. La avkjøles litt før servering.

24. Røkt honningbrød

Gir 1 brød

- 2 kopper ubleket hvitt universalmel eller etter behov
- 1 kopp fullkornshvetemel eller 1 ekstra kopp hvitt mel
- 1 ts grovt salt (sjø eller kosher), pluss ekstra for strøing
- $1\frac{1}{4}$ kopper vann, pluss ekstra etter behov
- 1 konvolutt ($2\frac{1}{2}$ ts) tørrgjær
- 2 ss honning
- 1 ss extra virgin olivenolje, pluss olje til bollen, brødformen og toppen av brødet

Sett opp din elektriske røyker etter produsentens instruksjoner og forvarm den så lavt som mulig (200°F (93°C) eller lavere).

Fordel melet og saltet i et tynt lag (ikke mer enn $\frac{1}{4}$ tomme tykt) i en aluminiumsfolieform eller på en bakeplate med kant. Ha vannet i en annen foliepanne.

Sett pannene i den elektriske røykeren og røyk til det hvite melet er lett brunet på overflaten og smaker røykfylt og vannet smaker røykfylt. Total røyketid er 15 til 20 minutter for varmrøyking eller 1 til $1\frac{1}{2}$ time for kaldrøyking.

La melet avkjøles til romtemperatur. Vannet skal bare avkjøles til å varme 105°F (41°C).

Ha røkt mel, røkt salt og gjær i en foodprosessor og bland.

Tilsett honning, olivenolje og det røkte varme vannet. Bearbeid i korte støt for å få en myk, smidig deig. Hvis deigen er for stiv, tilsett litt mer varmt vann fra springen; hvis for myk, tilsett litt mer mel. Alternativt kan du blande og elte deigen for hånd eller i en stavmikser utstyrt med eltekrok.

Vend deigen over på et lett melet skjærebrett og elt for hånd til en jevn ball.

Legg deigen i en stor lett oljet bolle, snu den til olje på begge sider. Dekk til med plastfolie og la deigen heve på et lunt sted til den er doblet i bulk, 1 til 1½ time.

Slå ned deigen, elt den til en avlang form, og legg den i en oljet brødform. Dekk til med plastfolie. La deigen heve igjen til den er doblet i bulk, 30 minutter til 1 time.

I mellomtiden setter du opp en grill for indirekte grilling og forvarm til 400°F (204°C) eller forvarm ovnen til 400°F (204°C). Hvis den elektriske røykeren din går opp til 400°F (204°C), kan du bake brødet i den. Du trenger ikke å legge til ved – du har allerede røkt melet.

Pensle toppen av brødet med litt mer olivenolje og strø over litt salt.

Stek brødet til toppen er brun og fast og bunnen høres hul ut når du banker på, 30 til 40 minutter. Overfør brødformen til en rist og la den avkjøles i 10 minutter.

Ta brødet ut av pannen, avkjøl i 10 minutter til, skjær i kryss og server lunt. Server med røkt smør og røkt honning.

25. Røkt Honey Crisp med Bacon

Serverer 8

Fyllingen:

- 2 strimler håndverksbacon,

- 1,4 kg sprø, søte epler som Honeycrisps eller Galas $^1/_3$ kopp pakket lyst eller mørkt brunt sukker, eller etter smak

- 1½ ss universalmel

- 1 ts finrevet sitronskall

- 1 ts malt kanel

- Klype salt

- 3 ss bourbon

Toppingene:

- 8 ss (1 pinne) usaltet smør, kuttet i ½-tommers biter og lagt i fryseren til iskaldt

- 1 kopp knuste gingersnap cookies eller granola

- 1 kopp universalmel

- 1 kopp granulert sukker

- 1 kopp lyst eller mørkt brunt sukker

- Klype salt

- Vanlig vaniljeis, til servering (valgfritt)

Sett opp grillen for indirekte grilling og forvarm til 400°F (204°C).

Stek baconet i en 10-tommers støpejernsgryte over middels varme, rør med en hullsleiv, til det er sprøtt og gyldenbrunt, 4 minutter . Overfør baconet til en stor bolle.

Hell av og behold baconfettet til annen bruk. Ikke tørk ut eller vask pannen.

Skrell og kjerne eplene og skjær dem i 1-tommers biter. Legg dem til baconet. Rør inn sukker, mel, sitronskall, kanel og salt. Rør inn bourbon.

Smak på blandingen for sødme, tilsett sukker etter behov. Hell fyllet i gryten.

Ha smør, kakesmuler, mel, hvitt og brunt sukker og salt i en foodprosessor.

Mal til en grov blanding, kjør prosessoren i korte støt. Ikke overprosess; blandingen skal forbli løs og smuldrende som sand. Dryss toppingen over eplene.

Plasser crisp på grillen eller elektrisk røykstativ vekk fra varmen. Legg veden til kullene og dekk til grillen.

Røykstek crispen til toppingen er brun og bobler, eplene er myke (de skal være lette å stikke hull på med spyd), og fyllet er tykt, 45 minutter til 1 time.

Server den sprø varm fra grillen eller elektrisk røyker. Ekstra poeng for å toppe den med røkt is.

26. Oste ravioli med røkt saus

Utbytte: 4 porsjoner

Ingrediens

- 4 medier Tomater; kuttet i to
- ¼ liten Løk
- 1 kopp Merlot
- 2 teskjeer Oliven olje
- 1 ts Flytende røyksmak
- 1 Fedd hvitløk; hakket
- Oregano; å smake
- Basilikum; å smake
- Salt og hvit pepper; å smake
- 1 pund Fersk eller frossen ost ravioli
- Revet parmesanost

1. Kombiner tomater og løk med nok vann til å dekke i kjelen. Kok opp. Kok i 5 minutter ; avløp Kombiner tomater, løk, Merlot, olivenolje, flytende røyk, hvitløk, oregano og basilikum i en blenderbeholder. Bearbeid på lav hastighet i 10 sekunder eller til den er grovhakket. Hell i kjele.

2. La småkoke i 30 minutter , rør av og til. Smak til med salt og hvit pepper.

3. Kok ravioli ved å bruke pakkens anvisninger; avløp Ha over på serveringsfat eller pastabolle. Topp med tomatblandingen; dryss over parmesanost.

27. Røkt laksestokk

Utbytte: 1 porsjon

Ingrediens

- 16 gram rød laks
- 8 gram kremost
- 1 ss hakket løk
- $\frac{1}{8}$ teskje Flytende røyk
- 2 fedd hvitløk; hakket
- $\frac{1}{2}$ kopp skivede mandler
- 3 ss persille

1. Bland laks, ost, løk, flytende røyk og hvitløk i en bolle. Form til en stokk.
2. Bland skivede mandler og persille.
3. Rull inn stokkblandingen, pakk deretter inn i plastfolie og avkjøl i minst 1 time .

28. Svinekjøttskall

- 2 pund griseskinn

- Omtrent ¼ kopp kosher salt

- 5 kopper vegetabilsk olje

- 2 ss sukker

- ½ ts malt kajennepepper

1. Bruk en skarp kniv og skjær bort så mye fett som mulig fra undersiden av griseskinnet. Dryss saltet på begge sider av skinnet og legg skinnet på det tilberedte stekebrettet med fettsiden ned. kok i 7 til 8 timer

2. Når huden er kjølig nok til å håndtere, bruk hendene eller kjøkkensaksene for å bryte skinnet i 2-tommers biter.

3. Varm oljen i en wok med et godteri eller frityrtermometer på middels høy varme til den når 360 °F (182 °C), 5 til 8 minutter. Mens du venter, kan du kle et stort bakepapir med rene papirposer, tørkepapir eller avispapir for å renne, og ha en lang tang klar.

4. Arbeid i partier på omtrent fem skall om gangen (de blåses opp til å bli mye større enn den nåværende størrelsen), legg forsiktig skallene til oljen og virvler dem rundt til de blåser dramatisk, ca. 30 sekunder. Fjern dem fra oljen og la dem renne av i et enkelt lag på den tilberedte bakeplaten.

5. Smak på svineskallene og smak til med mer salt om nødvendig. Hvis du smaker til med sukker og kajenne, legg svineskallene

i en stor papirpose. Tilsett sukker og cayenne og rist posen for å dekke skallene jevnt. Spis de deilige varme svineskallene umiddelbart.

29. Laksekroketter

- 1 halvliter laks på boks, avrent
- ½ kopp brødsmuler, kjeks
- ⅓ kopp finhakket fersk persille
- 1 hvitløksfedd, finhakket
- ⅛ teskje nykvernet sort pepper
- 1 egg, lett pisket
- ¼ kopp melk
- 2 ss majones
- ¼ kopp nøytral matolje

1. Kombiner laksen, brødsmulene, persille, hvitløk, pepper, egg, melk og majones i en middels bolle. Bland med en gaffel til det er blandet, men ikke helt moset og deig. Mengden laks

2. Varm oljen i en middels stekepanne over middels varme i 1 minutt. Bruk et ½-kopps målebeger til å øse opp en snaut ½ kopp av lakseblandingen. Bruk hendene til å forme den til en patty ¾ til 1 tomme tykk, og legg den deretter i pannen. Stek tre kroketter om gangen, for ikke å fylle pannen, til de er gyldenbrune, 5 til 7 minutter per side. Bruk en slikkepott til å overføre krokettene til en rist plassert over tørkepapir for å renne av dem, og dryss med en klype av sluttsaltet før servering.

30. Honningkonserverte pistasjnøtter

- 1 kopp ristede, saltede pistasjnøtter, med skall
- ¾ kopp lys honning
- ¼ kopp ekstra virgin olivenolje
- 1 avrundet teskje finhakket sitronskall
- 1½ ts finhakket fersk ingefær
- 1 ts kosher salt
- ¼ ts nykvernet sort pepper

1. Varm en middels stekepanne over middels høy varme i 1 minutt . Rist pistasjenøtter i pannen, rør eller rist ofte, til de er lett brune, 3 til 5 minutter . Dette vil forsterke smaken deres. Fjern nøttene fra pannen og la dem avkjøles. Hvis du bruker veldig ferske ristede nøtter som allerede har god smak, kan du gjerne hoppe over dette trinnet.

2. Varm honningen i mikrobølgeovnen i 10 til 20 sekunder for å hjelpe den å helle og blande lettere. Hvis du ikke har en mikrobølgeovn, varm honningkrukken i en panne med varmt vann fra springen i 30 til 45 sekunder, til den lett kan helle.

3. Kombiner honning, olivenolje, sitronskall, ingefær, salt og pepper i en middels bolle med en bolleskrape for å blande inn hver søt og smakfull dråpe av honningen.

4. Når nøttene er avkjølt, tilsett dem i honningblandingen og rør for å dekke dem helt.

5. Hell blandingen i en halvliters hermetikkboks, dekk til og avkjøl.

31. Deilig røkt kveite

Serverer 6

4 (170 g) kveitebiff

1 kopp ekstra virgin olivenolje

2 ts kosher salt

1 ts nykvernet sort pepper

½ kopp majones

½ kopp søt sylteagurk velsmak

1 kopp finhakket søt løk

1 kopp hakket stekt rød pepper

1 kopp finhakkede tomater

1 kopp finhakket agurk

2 ss dijonsennep

1 ts finhakket hvitløk

Gni inn kveitebiffene med olivenolje og krydre på begge sider med salt og pepper. Ha over på en tallerken, dekk til med plastfolie og avkjøl i 4 timer.

Forsyn din elektriske røyker med trepellets og følg produsentens spesifikke oppstartsprosedyre. Forvarm, med lokket lukket, til 200 °F (93 °C).

Ta kveiten ut av kjøleskapet og gni med majonesen.

Legg fisken direkte på grillristen, lukk lokket og røyk i 2 timer, eller til den er ugjennomsiktig og et øyeblikkelig avlest termometer satt inn i fisken viser 140 °F (60 °C).

Mens fisken ryker, kombinerer du sylteagurk, løk, stekt rød pepper, tomat, agurk, dijonsennep og hvitløk i en middels bolle. Avkjøl sennepssmaken til den skal serveres.

Server kveitebiffene varme med sennepssmak.

32. Røkt reker Tilapia

Serverer 5

5 unser (142 g) ferske, oppdrettede tilapiafileter

2 ss ekstra virgin olivenolje

1 og ½ ts røkt paprika

1 og ½ ts Old Bay krydder

Rekefyll

1 pund (454 g) reker, tilberedt og frigjort

1 ss saltet smør

1 kopp rødløk, i terninger

1 kopp italiensk brødsmuler

1 kopp majones

1 stort egg, pisket

2 ts frisk persille, hakket

1 og ½ ts salt og pepper

Ta en foodprosessor og tilsett reker, hakk dem opp

Ta en panne og sett den over middels høy varme, tilsett smør og la den smelte. Surr løkene i 3 minutter

Tilsett hakkede reker med avkjølt sautert løk sammen med de resterende **ingrediensene** oppført under fylling **Ingredienser** og overfør til en bolle

Dekk til blandingen og la den stå i kjøleskap i 60 minutter . Gni begge sider av fileten med olivenolje

Hell $1/3$ kopp av fyllet til fileten. Flat ut fyllet på nederste halvdel av fileten og brett tilapiaen i to

Fest med 2 tannpirkere. Drys hver filet med røkt paprika og Old Bay-krydder

Forvarm din elektriske røyker til 400 grader Fahrenheit

Tilsett dine foretrukne trepellets og overfør filetene til et ikke-klebende grillbrett

Overfør til elektrisk røyker og elektrisk røyker i 30-45 minutter til den indre temperaturen når 145 grader Fahrenheit. La fisken hvile i 5 minutter og nyt!

33. Cajun krydret røkt reker

Server 4

4 ss olivenolje

1 ss Cajun-krydder

2 fedd hvitløk, finhakket

1 ss sitronsaft

Salt, etter smak

907 g (2 lb) reker skrelles og avveies

Kombiner alle ingrediensene i en lukkbar plastpose. Kast for å belegge jevnt.

Mariner i kjøleskapet i 4 timer. Sett Pit boss-grillen til høy.

Forvarm den i 15 minutter mens lokket er lukket. Tre reker på spyd.

Grill i 4 minutter på hver side. Pynt med sitronbåter.

34. Timian Herbed Røkt Havabbor

Server 4

Marinade

1 ts Blackened Saskatchewan

1 ss timian, fersk

1 ss oregano, fersk

8 fedd hvitløk, knust.

1 sitron, saften

1 kopp olje havabbor

4 havabborfileter, skinn av Chicken Rub Krydder Sjømatkrydder (som Old Bay) 8 ss Gold Butter

Til pynt:

Timian

Sitron

Lag marinaden: Kombiner ingrediensene i en Ziploc-pose og bland. Tilsett filetene og mariner i 30 minutter i kjøleskapet. Snu en gang.

Forvarm grillen til 325F med lokket lukket.

Tilsett smøret i en form for baking. Fjern fisken fra marinaden og hell den i bakebollen. Krydre fisken med kylling og sjømat. Legg den i bakebollen og på grillen. Kok i 30 minutter . Tråkle 1-2 ganger.

Fjern fra grillen når den indre temperaturen er 160F.

Pynt med sitronskiver og timian.

35. Kielbasa Røkt Pølse Reker Mix

Serverer 12

3 lbs. (1,4 kg) Reker (stor), med haler, delt.

2 lb (907 g) Kielbasa røkt pølse

6 korn kuttet i 3 biter.

2 lb (907 g) Poteter, utg

Old Bay

Forvarm grillen til 275 °F (135 °C) med lokket lukket.

Kok først pølsen på grillen. Kok i 1 time.

Øk temperaturen til høy. Krydre mais og poteter med Old Bay. Stek nå til de blir møre.

Krydre rekene med Old Bay og stek på grillen i 20 minutter .

Kombiner de kokte ingrediensene i en bolle . Slenge.

Juster krydder med Old Bay og server. Nyt!

36. Basilikum røkte reker og kamskjell kebab

Utbytte: 4 porsjoner

Ingrediens

- ½ kopp Epleflis
- ½ pund Store reker
- ½ pund Sjøskjell
- 1 kopp Finhakket fersk basilikum

1. Bløtlegg eplevedflisen i vann i 1 time.

2. Bløtlegg fire 6-tommers bambusspyd i vann i 15 minutter. Tre reker og kamskjell vekselvis på hvert spyd.

3. Kle en wok eller en rettsidig stekepanne med dobbel tykkelse aluminiumsfolie. Tøm epleflisen og kombiner dem med basilikum i bunnen. Sett inn en lav rist som holder spydene hevet, men som fortsatt lar et deksel få plass.

4. Legg spydene på tvers av risten og dekk formen. Hvis du bruker en wok, ring 2 våte håndklær rundt dekselet; for en stekepanne, legg et vått håndkle over lokket og fest godt.

5. Røyk kebabene i 15 minutter over middels høy varme. Ta kjelen av varmen og sett den til side i 5 minutter før du avdekker den. Server umiddelbart.

37. Svart litchi te røkt hummer

Utbytte: 4 porsjoner

Ingrediens

- 2 Maine hummer
- 2 kopper hvit ris
- 2 kopper brunt sukker
- 2 kopper Svart litchi te
- 2 Moden mango
- ½ kopp Jicama batonger
- ½ kopp minutter t chiffonade
- ½ kopp Basilikum chiffonade
- 1 kopp Mungbønnetråder , blanchert
- Krabbe fiskesaus
- 8 Ark med rispapir

1. Forvarm dyp hotellpanne til den er veldig varm. Tilsett ris, sukker og te i dyp panne og legg umiddelbart hummer i den grunne, perforerte pannen på toppen. Forsegle raskt med aluminiumsfolie . Når den elektriske røykeren begynner å ryke, røyk hummeren i 10 minutter på svak varme eller til den er gjennomstekt. Avkjøl hummer og skjær deretter haler i lange strimler.

2. Kombiner jicama, minutter t, basilikum, bønnetråd og bland med fiskesaus.

3. Bløtlegg rispapir i varmt vann og legg litt av blandingen på det myke papiret. Innlegg røkte hummerstrimler og mangoskiver. Rull og la stå i 10 minutter . Pakk rullene individuelt inn med plastfolie for å sikre at fuktigheten holdes på.

38. Cannellini og røkt sik dip

Utbytte: 1 porsjon

Ingrediens

- 2 skiver Hvitt smørbrød; skorper fjernet
- ⅔ kopp Melk (fettfri) eller melkeerstatning
- 1 boks cannellini bønner; drenert og skylt
- 1 pund Røkt sik
- 1 ts finhakket fersk hvitløk
- 1 ts Finrevet sitronskall
- 2 spiseskjeer Finhakkede friske urter
- Salt og nykvernet pepper
- Varm peppersaus på flaske

1. Bløtlegg brød i melk i noen minutter.

2. Tilsett bønner, sik, hvitløk og skall i en foodprosessor. Puls for å grovhakke. Tilsett bløtlagt brød og melk og bearbeid til det er jevnt. Puls inn urter og smak til med salt, pepper og dråper peppersaus.

3. Oppbevares tildekket og kjølig i opptil 5 dager.

39. Varmrøkt fisk

-

- 2 ss mørk brunt sukker
- 2 ss kosher salt
- ½ ts nykvernet sort pepper
- ½ ts fransk malt rød chilipepper
- 2 pund skinn-på laks

1. Kombiner sukker, salt, pepper og chilipepper, hvis du bruker, i en liten bolle. Tørk fisken grundig og gni den med krydderet. La den stå utildekket i kjøleskapet i 30 minutter.

2. Forvarm grillen og klargjør flis eller sagflis.

3. Når grillen er klar for røyking, røyk fisken til den indre temperaturen når 140°F (60°C); tidspunktet vil avhenge av tykkelsen på fisken, men start kontrollen etter 1 time.

Hvis du ikke bruker et termometer, stikk inni den tykkeste delen av fisken; den skal flasse og virke ugjennomsiktig.

4. La fisken avkjøles litt før servering.

40. Saltet og tørket torsk

- 2 pund torskefileter, ½-¾ tomme tykke

- 2 pund kosher salt

1. Dekk bunnen av en bakebolle (stor nok til å holde fisken i ett lag) med nok salt slik at du ikke kan se gjennom til bunnen. Legg fiskefiletene på toppen, uten å berøre dem, i et enkelt lag. Hell salt over toppen av fisken for å begrave den helt og trykk forsiktig ned på saltet for å sikre at hele fisken er dekket.

2. Plasser fisken i kjøleskapet og la den herde i saltet uten lokk i 4 dager, eller til den føles stiv og herdet. Sjekk fisken ved å avdekke det ene stykket og kjenne på det på det tykkeste.

3. Fjern fisken fra saltet, men behold alt av saltet som naturlig fester seg til overflaten. Kast det resterende saltet som er igjen i fatet.

4. det er på tide å tørke fisken. Jeg anbefaler at du gjør dette i en matdehydrator, da prosessen er lang. Tørk fisken ved 140 °F (60 °C) til den er steinhard, ca. 3 dager, vend den hver 12. time eller så.

5. før servering, bløtlegg bacalaoen i 24 timer i nok kaldt vann fra springen til å dekke den helt, og bytt vannet hver 8. time. Tøm fisken og tørk den før steking.

41. Lakse jerky

- 2 pund skinn-på laksefileter
- 4 store hvitløksfedd, finhakket
- 4 ts finhakket fersk ingefær
- 1 kopp soyasaus
- ¾ kopp ren lønnesirup
- ¾ kopp sitronsaft
- Nykvernet sort pepper
- Nøytral matolje

1. Tørk laksen helt og frys den i ca 30 minutter for å stivne og gjøre den lettere å skjære i skiver.

2. Kombiner i mellomtiden hvitløk, ingefær, soyasaus, lønnesirup og sitronsaft i en middels bolle.

3. Skjær fisken i lange, ¼- til ⅓tommers tykke biter. Skjær mot kornet for mer møre rykk, eller med kornet for fastere biter. Tilsett fiskestykkene i marinaden og la dem stå, rør av og til, i 1 time ved romtemperatur.

4. Trekk strimlene en etter en fra marinaden og legg dem til tørk på tørkepapir i et flatt, enkelt lag. For et krydret kick, dryss fisken med svart pepper eller røde pepperflak. Nå er det på tide å tørke fisken.

42. Tunfisk på boks

- 1 pund tunfiskfilet eller renset fersk tunfisk per halvliters krukke

- 1 ts kosher salt per halvliter krukke

- ¾ kopp ekstra virgin olivenolje

1. Forvarm ovnen til 250°F (120°C).

2. Pakk tunfisken inn i aluminiumsfolie slik at den ikke tørker ut. Legg foliepakken på en bakeplate, og sett deretter i ovnen. Stek i omtrent 1 time, eller til den indre temperaturen på den tykkeste delen av kjøttet når 140 °F (60 °C).

3. La fisken avkjøles litt etter koking og sett den i kjøleskap i et par timer for å stivne kjøttet.

4. Etter at tunfisken er kokt er den klar til hermetikk. Rengjør halvliterglassene med bred munn og se etter hakk og bulker.

5. Skrell av skinnet på tunfisken og fjern eventuelt misfarget kjøtt. Vil du kun ha det lyse tunfiskkjøttet, skjær vekk det mørke kjøttet også. Skjær tunfisken i biter som er store nok til å pakkes tett inn i glassene.

6. Pakk glassene tett sammen med fisken. Tilsett 1 teskje salt per krukke. Dekk til tunfisken med olje, hvis ønskelig, eller vann, og la det være 1 tomme med headspace. Tørk av felgene og legg på lokkene. Skru på båndene, men ikke veldig stramt.

43. Røkt BBQ kyllingvinger

Serverer 16

16 kyllingvinger

1 ss olivenolje

1 ss Chicken Rub

1 kopp kommersiell BBQ-saus valgfri

Ha alle ingrediensene i en bolle bortsett fra BBQ-sausen. Masser kyllingbrystene slik at de er belagt med marinaden.

Sett i kjøleskapet for å marinere i minst 4 timer.

Fyr grillen til 350F. Bruk lønnetrepellets. Lukk grilllokket og forvarm i 15 minutter .

Legg vingene på grillristen og stek i 12 minutter på hver side med lokket lukket.

Når kyllingvingene er ferdige, legg i en ren bolle.

Hell over BBQ-sausen og vend over sausen.

44. Røkt avokado Cornish høner

Tjenester 6

6 korniske høner

3 ss avokadoolje

6 ss rubs etter eget valg

Fyr opp trepelleten og forvarm den til 275 °F (135 °C).

Gni kyllingen med olje, og dekk deretter sjenerøst med rub. Legg kyllingen på grillen med brystsiden ned.

Røyk i 30 minutter . Snu kyllingen og øk grilltemperaturen til 400 °F (204 °C). Kok til den indre temperaturen når 165 °F (74 °C).

Ta av grillen og la hvile i 10 minutter før servering. Nyt.

45. Røkt sitrusaktige kyllingbryst

Serverer 6

2 sitroner, skallet og saftet

1 fedd hvitløk, finhakket

2 ts honning

2 ts salt

1 ts malt svart pepper

2 kvister frisk timian

½ kopp olivenolje

6 utbenede kyllingbryst

Ha alle ingrediensene i en bolle. Masser kyllingbrystene slik at de er belagt med marinaden.

Sett i kjøleskapet for å marinere i minst 4 timer.

Fyr grillen til 350F. Bruk epletrepellets. Lukk grilllokket og forvarm i 15 minutter .

Legg kyllingbrystene på grillristen og stek i 15 minutter på begge sider.

Server umiddelbart eller drypp med sitronsaft.

46. Krydret rik røkt kylling

Serverer 6

1 egg, pisket

½ kopp melk

1 kopp universalmel

2 ss salt

1 ss nykvernet sort pepper

2 ts nykvernet hvit pepper

2 ts kajennepepper

2 ts hvitløkspulver

2 ts løkpulver

1 ts røkt paprika

8 ss (1 pinne) usaltet smør, smeltet

1 hel kylling, kuttet i biter

Forsyn din elektriske røyker med trepellets og følg produsentens spesifikke oppstartsprosedyre. Forvarm, med lokket lukket, til 375 °F (191 °C).

I en middels bolle, kombiner det sammenpiskede egget med melken og sett til side.

I en separat middels bolle, rør sammen mel, salt, sort pepper, hvit pepper, cayenne, hvitløkspulver, løkpulver og røkt paprika.

Kle bunnen og sidene av en høysidig metallstekeform med aluminiumsfolie for å lette rengjøringen.

Hell det smeltede smøret i den forberedte pannen.

Dypp kyllingbitene en om gangen i eggedosisen, og dekk deretter godt med krydret mel. Overfør til stekepannen.

Røker kyllingen i pannen med smør på grillen, med lokket lukket, i 25 minutter , og reduser deretter varmen til 325°F (163°C) og snu kyllingbitene.

Fortsett å røyke med lokket lukket i ca. 30 minutter , eller til et kjøtttermometer satt inn i den tykkeste delen av hver kyllingbit viser 165°F (74°C). Server umiddelbart.

47. Varm saus røkt kyllingvinger

Serverer 8

1,8 kg kyllingvinger, klappet tørre

2 ss olivenolje Salt og pepper, etter smak

2 mellomstore gule løk, finhakket

5 fedd hvitløk, finhakket

1 kopp bourbon

2 kopper ketchup

1/3 kopp eplecidereddik

2 ss flytende røyk

1 ts kosher salt

1 ts sort pepper En dæsj varm saus

Legg kyllingen i en bolle og drypp med olivenolje. Smak til med salt og pepper etter smak. I en annen bolle kombinerer du resten av ingrediensene og setter til side.

Fyr grillen til 400F (204°C). Bruk hickory trepellets. Lukk lokket og la det forvarmes i 15 minutter .

Legg kyllingen på grillristen og stek i 12 minutter på hver side.

Bruk en pensel og pensle kyllingvingene med bourbonsaus på alle sider.

Vend kyllingen og stek i ytterligere 12 minutter med lokket lukket.

48. Te røkt kylling

Utbytte: 6 porsjoner

Ingrediens

- 2 ss risvin
- 2 ts salt
- 1½ ts Szechwan pepperkorn
- 3 løkløk
- ½ ingefærrot, skrelt
- 2½ pund kylling
- ½ kopp kinesisk svart teblader
- 2 ss mørk brunt sukker, pakket
- Orientalsk sesamolje

1. Kombiner vin, salt og pepperkorn i en stor bolle. Tilsett løk og ingefærrot i bollen. Tilsett kyllingen, gni den godt med marinaden. overfør kyllingen til risten på en dampkoker, og damp den tildekket i 20 minutter . Kle i mellomtiden bunnen og lokket på en wok med kraftig folie. Bland tebladene og brunt sukker i en liten bolle.

2. Legg blandingen i bunnen av woken, og ordne en stativ 2 tommer over den.

3. Flytt kyllingen med brystsiden opp til rist i woken. Varm wok, tildekket, over mod-høy varme i 5-6 minutter eller til det begynner å ryke. Røyk kyllingen, dekket.

49. Jas min te røkt and

Utbytte: 4 porsjoner

Ingrediens

- 4 andebryst; fullstendig trimmet
- 50 milliliter soyasaus
- 20 gram fersk ingefær; finhakket
- 2 ss ris; vanlig
- 1 ss sukker
- 2 ss Jasmine te
- 300 gram bondebønner; avskallet
- 300 gram salsify; skrelles
- 150 gram God saus
- 20 gram smør
- 1 kvist rosmarin og timian; hakket

1. Mariner andebrystene i soya og ingefær i 2 timer, smak til med salt og pepper og stek i en varm stekepanne.

2. Bland ris, sukker og sjasminte og legg på et stykke aluminiumsfolie i bunnen av en wok. Plasser andebrystene på en rund rist på toppen av teblandingen med ca 1-2 tommer av et gap og dekk med et lokk eller et annet stykke folie. Røyk på lav varme i ca 10-15 minutter .

3. Tilsett bondebønner, smør og urter, smak til med salt og pepper og varm forsiktig opp til bondebønnene er kokte. Anrett grønnsakene på tallerkenen med de skivede andebrystene på toppen og den varme sausen rundt.

50. Andeconfitert

•

- 2 pund andebein

- 4 store hvitløksfedd, i tynne skiver

- 8 friske timiankvister, revet i mindre biter

- Blader fra 1 frisk rosmarinkvist

- 3 store tørkede laurbærblad, smuldret

- 3 ss kosher salt 2-2½ kopper andefett

1. Bruk en skarp kniv til å skille andetrommestikkene fra lårene.

2. Strø halvparten av hvitløken, halvparten av timianen, halvparten av rosmarinen og halvparten av bukten i en 8-tommers firkantet panne. Dryss anda med saltet på alle sider, og legg den i fatet. Legg resten av hvitløken, timianen, rosmarin og bukten på toppen av anda, og press deretter urtene inn i anda for å gi smak til kjøttet.

4. Pakk ut anda og kast urter og hvitløk. Børst av overflødig salt (men ikke skyll anda) og hell ut eventuell væske som har samlet seg i bunnen av fatet. Legg anda tilbake i fatet.

5. Smelt andefettet ved å enten varme det i mikrobølgeovnen i 10 sekunder av gangen eller legge det i en varmebestandig krukke og sette glasset i en panne med varmt vann. Når fettet har blitt flytende, heller du det over anda slik at det akkurat dekker det.

6. Sett anda i ovnen og la den posjere sakte i ca 3½ time, eller til anda er mør til beinet.

7. La anda avkjøles, dekk deretter til og la herde i formen i kjøleskapet.

51. Andebryst prosciutto

•

- 2 andebryst
- ½ kopp lyst brunt sukker
- ¼ kopp kosher salt
- 2 ts finhakket appelsinskall
- 2 ts malt koriander
- 1 ts malt salvie
- 1 ts nykvernet sort pepper

1. Skår skinnsiden av andebrystene diagonalt ved å trekke en veldig skarp kniv på tvers av skinnet og gjennom fetthetten, slik at kuttene blir omtrent ½ tomme fra hverandre.

2. Kombiner sukker, salt, appelsinskall, koriander, salvie og pepper i en liten bolle. Gni denne kuren over hele begge sider av anda, inkludert i sprekker i huden. Legg anda tilbake i fatet med skinnsiden opp. Dekk fatet godt med plastfolie og avkjøl i 4 dager.

3. Vend andebrystene og dekk fatet godt med plastfolien igjen. Avkjøl i ytterligere 3 dager.

4. På dette tidspunktet skal anda ha en mørk rød farge og føles fast over det hele, som en gjennomstekt biff. Dette betyr at kjøttet ditt er speket. Hvis det fortsatt føles veldig mykt, snu kjøttet igjen og la det stå en dag eller to til.

5. For å sikre at anda din er trygg å spise, plasser den på risten, med fettsiden opp, i den forvarmede ovnen. Varm anda i omtrent 25 minutter , eller til den når en indre temperatur på 70 °C.

6. Skyll anda godt og klapp den veldig tørr. Skjær den syltynne før servering.

52. Røkt kalkunben

- 6 kopper vann

- $\frac{1}{4}$ kopp kosher salt

- 2 ss sukker

- 5 fedd hvitløk, knust

- 2 ss sorte pepperkorn

- $2\frac{1}{2}$ pounds med ben i kalkunben eller kalkunben

1. Kombiner vann, salt, sukker, hvitløk og pepperkorn i en dyp bolle eller matsikker bøtte eller beholder og bland grundig for å løse opp saltet og sukkeret. Senk kalkunen helt ned i saltlaken. Dekk fuglen med en omvendt tallerken og vei platen med steiner eller en krukke full av vann for å holde kalkunen under saltlakelinjen. Flytt bøtta til kjøleskapet og la det stå i 2 dager.

2. Kast saltlaken og alle de faste **ingrediensene** og tørk kalkunen. La den stå på en rist under en vifte for å hjelpe den å tørke mens du forbereder grillen for varm eller kald røyking.

3. Ved varmrøyking, røyk kalkunen med skinnsiden opp, med den tykkeste delen nærmest flammen, til den når en indre temperatur på 70°C i midten av den tykkeste delen og vekk fra beinet. .

53. Thanksgiving kalkun jerky

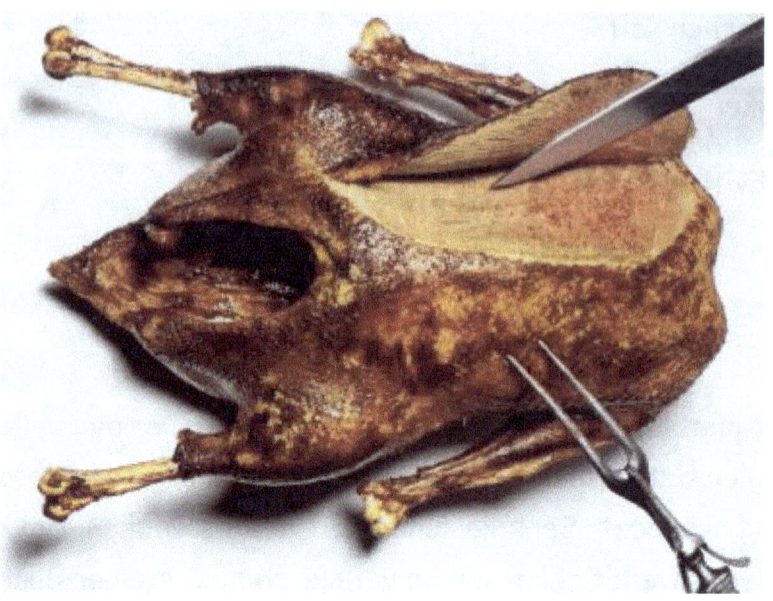

- 2 pund kalkunbryst, trimmet for alt fett
- 3 kopper tranebærjuicecocktail
- 2 ss kosher salt
- 2 fedd hvitløk, finhakket
- 3 kvister fersk rosmarin
- 3 friske salviekvister
- Nøytral matolje

1. Frys kjøttet i 30 minutter for å gjøre det lettere å skjære i tynne skiver. Med en veldig skarp kniv, skjær kjøttet mot kornet så tynt du kan ($\frac{1}{8}$ til $\frac{1}{4}$ tomme tykt).

2. Hell tranebærjuicen i en stor bolle og tilsett salt, hvitløk, rosmarin og salvie. Tilsett kjøttet. Bland for å kombinere, dekk til og la kjøttet marinere i saltlaken i kjøleskapet i 12 til 24 timer.

3. Tøm kjøttet, kast saltlaken og alle faste stoffer. Nå er det på tide å tørke kjøttet.

54. Pepperaktig røkt brisket

Serverer 8

1 (12-pund/5,4 kg) full pakkebryste

2 ss gul sennep (du kan også bruke soyasaus)

Salt, etter smak

Nykvernet sort pepper, etter smak

Forsyn med trepellets og følg oppstartsprosedyre. Forvarm grillen, med lokket lukket, til 225 °F (107 °C).

Bruk en utbeningskniv, fjern forsiktig alt unntatt omtrent $\frac{1}{2}$ tomme av det store fettlaget som dekker den ene siden av brystet.

Dekk brystet over det hele med sennep og smak til med salt og pepper.

Plasser brystet direkte på grillristen og røyk til dens indre temperatur når 160 °F (71 °C) og brystet har dannet en mørk bark.

Trekk brystet fra grillen og pakk det helt inn i aluminiumsfolie eller slakterpapir.

Øk grillens temperatur til 350 °F (177 °C) og sett den innpakkede brystet tilbake til den. Fortsett å lage mat til den indre temperaturen når 190 °F (87 °C).

Overfør den innpakkede brystet til en kjøler, dekk til kjøleren og la brystet hvile i 1 eller 2 timer.

Fjern brystet fra kjøleren og pakk det ut.

Skille brystspissen fra flaten ved å skjære langs fettlaget, og skjær den flate i skiver. Punktet kan lagres for brente ender (se Sweet Heat Burnt Ends), eller skjæres i skiver og serveres også.

55. Big Game Rubbed Smoked Pulled Pork

Server 4

2 pounds (907 g) utbenet svinekjøttskulder

Big Game Rub

2 kopper eplecider

'Que BBQ Saus

Legg svineskulderen i en bolle og fjern overflødig fett og krydre med Big Game Rub.

Når du er klar til å lage mat, fyrer du grillen til 250F. Bruk lønntrepellets når du lager mat. Lukk lokket og forvarm i 15 minutter .

Plasser svinekjøtt på grillristen i 5 timer eller til innvendig temperatur når 160°F (71°C). Fjern svinekjøttet fra grillen og la det hvile.

På en bakeplate stables 4 stykker aluminiumsfolie oppå hverandre. Legg svinekjøttet i midten av folien og ta opp sidene av folien for å lage en hylse rundt svinekjøttet.

Krymp kantene for å sikre at eventuell væske ikke renner ut av hylsen. Hell over eplecideren.

Plasser det foliekledde svinekjøttet på grillen og stek i ytterligere 3 timer ved 204 °F (95 °C).

Ta av grillen og la hvile. Fjern svinekjøttet fra foliehylsen og ha over på en tallerken, bruk gafler til å strimle kjøttet. Kast eventuelle bein.

Når svinekjøttet er strimlet, hell over BBQ-sausen.

56. Garlicky røkt kvernet svinekjøtt

Serverer 6

3 pund (1,3 kg) kvernet svinekjøtt

1 ss malt sennep

1 ss løkpulver

1 ss hvitløkspulver

1 ts rosa herdesalt

1 ts salt

1 ts sort pepper ¼ kopp isvann

Grisetarm, bløtlagt og skylt i kaldt vann

Bland alle ingrediensene unntatt svinetarmene i en bolle. Bruk hendene og bland til alle ingrediensene er godt blandet.

Bruk en pølsestopper og fyll svinetarmene med svinekjøttblandingen.

Mål 4 tommer av det fylte svinetarmen og vri for å danne en pølse. Gjenta prosessen til du lager pølsekoblinger.

Når du er klar til å lage mat, fyrer du grillen til 225 °F (107 °C). Bruk epletrepellets når du steker ribba. Lukk lokket og forvarm i 15 minutter .

Plasser pølsekoblingene på grillristen og stek i 1 time eller til pølsens innvendige temperatur er 155 °F (68 °C).

La hvile før du skjærer i skiver.

57. Røkt lammekjøttboller

Serverer 20

1 lb. (454 g) lammeskulder, slipt

3 fedd hvitløk, finhakket

3 ss sjalottløk, i terninger

1 ss salt

1 egg

1 ss pepper

1 ss røkt paprika

$\frac{1}{4}$ ss rød pepperflak

$\frac{1}{4}$ spiseskje kanel

$\frac{1}{4}$ kopp panko brødsmuler

Sett til 250 grader F (121 ° C). Bland alle ingrediensene i en liten bolle og bland grundig med hendene.

Form kjøttboller på størrelse med golfballer og legg dem i en bakeplate.

Plasser bakeplaten i den elektriske røykemaskinen og røyk til den indre temperaturen når 160F (71°C).

Fjern kjøttbollene fra den elektriske røykeren og server når de er varme.

58. Grunnleggende beef jerky

- 2 pund veldig mager mørbrad eller flankestek
- $\frac{1}{4}$ kopp mørk brunt sukker
- 2 ss kosher salt
- 2 ss soyasaus
- 4 fedd hvitløk, finhakket
- 2 ts røde pepperflak
- Nøytral matolje

1. skjær kjøttet mot kornet så tynt du kan, $\frac{1}{8}$ til $\frac{1}{4}$ tomme tykt.
2. I en middels bolle, bruk hendene til å kaste kjøttet med sukker, salt, soyasaus, hvitløk og pepperflak og sort pepper, hvis du bruker. La kjøttet marinere i 1 time for å øke smaken. Fjern kjøttet og kast marinaden.
3. Forvarm ovnen til laveste innstilling. Plasser en rist midt i ovnen og en rist i bunnen. Kle to stekeplater med bakepapir.
4. Smør to kjølestativ lett med olje og legg dem på toppen av de kledde bakeplatene. Legg det marinerte kjøttet på ristene helt flatt. Ikke la bitene berøre; Å tillate luftstrøm mellom stykkene vil hjelpe dem å tørke raskere.
5. Sett bakeplatene i ovnen.

59. Syrlig oransje beef jerky

- 2 pund veldig mager mørbrad eller flankestek
- 3 kopper skivet rødløk
- 1 kopp appelsinjuice
- ½ kopp sitronsaft
- 2 ss fint havsalt
- 4 ts malt cu min
- Nøytral matolje

1. Frys biffen i 30 minutter for å gjøre den lettere å skjære i tynne skiver. Med en veldig skarp kniv, skjær kjøttet mot kornet så tynt du kan ⅛ til ¼ tomme tykt.

2. Bruk en liten, skarp kniv for å fjerne alle spor av fett fra kjøttet. Ikke hopp over dette trinnet. Kjøtt kan spekes, mens fett ikke kan, og fettet kan harskne senere.

3. Legg det godt trimmede kjøttet mellom to lag med tørkepapir og rull det godt sammen for å presse ut så mye av fuktigheten som mulig. 4. I en middels bolle, sleng kjøttet med løk, appelsinjuice, sitronsaft, salt og spisskummen . La kjøttet marinere i 1 time for å øke smaken. Fjern kjøttet og kast marinaden.

4. Nå er det på tide å tørke kjøttet enten i ovnen eller med matdehydrator.

60. Miso-yoghurt beef jerky

- 2 pund veldig mager mørbrad eller flankestek
- 1 kopp helmelkyoghurt
- ½ kopp hvit miso
- 4 ts finhakket hvitløk
- 2 ts finhakket fersk ingefær
- 2 ts fint havsalt
- Nøytral matolje

1. Forvarm ovnen til laveste innstilling. Plasser en rist midt i ovnen og en rist i bunnen. Kle to stekeplater med bakepapir.

2. Smør to kjølestativ lett med olje og legg dem på toppen av de kledde bakeplatene. Legg det marinerte kjøttet på ristene helt flatt. Ikke la bitene berøre; Å tillate luftstrøm mellom stykkene vil hjelpe dem å tørke raskere.

3. Sett bakeplatene i ovnen. Hvis du ikke har varmluftsovn, kile opp ovnsdøren med et tresleivhåndtak. Avhengig av ovnen din, været og tykkelsen på kjøttet, vil rykket ditt være ferdig på 3 til 8 timer.

4. Begynn å sjekke rykket etter 3 timer. Den er klar når du klarer å bøye et stykke rykk og det går i stykker.

61. Storspillrykk

- 2 pund magert vilt, elg eller bøffel

- ½ kopp Worcestershire saus

- ¼ kopp blackstrap melasse

- ¼ kopp mørk soyasaus

- 1 ts finrevet sitronskall

- 1 ts karvefrø

- 8 kardemommebelger, sprukket

- 3 fedd hvitløk, finhakket

- Nøytral matolje

1. Fjern så mye fett fra kjøttet du kan og frys kjøttet i 20 til 30 minutter for å gjøre det lettere å skjære i skiver. Med en veldig skarp kniv, skjær kjøttet så tynt du kan, ¼ til ⅓ tomme tykt.

2. I en stor bolle, visp sammen Worcestershire-saus, melasse, soyasaus, sitronskall, karvefrø, kardemomme og hvitløk.

3. Slipp det oppskårne kjøttet i bollen ett stykke om gangen for å sikre at hvert stykke er fullstendig belagt med saltlake. La kjøttet stå i marinaden i 90 minutter. Fjern kjøttet og kast marinaden. Nå er det på tide å tørke kjøttet enten i ovnen eller med matdehydrator.

62. Amerikansk tørket frukt og kjøtt

- 2 pund talg

- 6 gram jerky etter eget valg

- 1 kopp tørkede tranebær

- 1 ts kosher salt

1. Hakk tyttebærene, eller tilsett dem i foodprosessoren og pulser et par ganger for å smuldre.

2. Smelt ¼ kopp talg i mikrobølgeovnen i 20 sekunders støt til den er flytende nok til å helle. Eller plasser krukken med talg i en panne med varmt vann til den smelter. Tilsett talgen til kjøttet og frukten og rør godt. Talgen vil holde dem sammen når den stivner.

3. Smak på blandingen og juster saltet etter behov, tilsett det i trinn på ½ teskje om nødvendig. Og kjenn hvor myke hendene dine er fra talgen! Hyggelig.

4. Trykk blandingen veldig godt inn i den tilberedte brødformen til den er flat og jevn, spesielt i hjørnene. Dekk til og avkjøl til den er stiv, i minst 1 time. Skjær i åtte stykker.

5. Fjern forsiktig hver del med en kniv eller slikkepott. Server pemmikanen umiddelbart, eller pakk hver del individuelt inn i plastfolie.

63. Sørafrikansk tørket kjøtt

- 2 pund oksefilet, mørbrad, bakstek

- 1 kopp rødvinseddik

- 6 ss korianderfrø

- 4 ts sorte pepperkorn

- 2 ss kosher salt

- Nøytral matolje

1. Skjær kjøttet i store stykker ca 1 tomme tykke. Hell eddiken i en liten bolle, og gi deretter hver del en rask dukkert i eddiken.

2. Varm en liten stekepanne over middels varme i 1 minutt . Tilsett koriander og rør hele tiden.

3. Mal den ristede korianderen og pepperkornene i en krydderkvern, kaffekvern eller foodprosessor til den er finmalt.

4. Når kjøttet har tørket, bland det med de malte krydderne.

5. Smør en rist med olje lett og legg den på toppen av det kledde bakepapiret. Hold krydderne intakte på overflaten av kjøttet, legg kjøttet helt flatt på risten. Ikke la bitene berøre; Å tillate luftstrøm mellom stykkene vil hjelpe dem å tørke raskere.

6. Sett bakeplatene i ovnen. Hvis du ikke har varmluftsovn, kile opp ovnsdøren med et tresleivhåndtak . Avhengig av ovnen

din, været og tykkelsen på kjøttet, vil biltongen være ferdig på 5 til 9 timer.

64. Marokkansk konservert lam

- 2 pund beinfri lammeskulder
- 10 fedd hvitløk, finhakket
- 3 ss kosher salt
- 1 ss malt cu min
- 4 ts malt koriander
- 1 ts rød pepperflak
- Nøytral matolje
- 2 kopper dyrefat

1. Hakk lammet i 2-tommers terninger, som du ville gjort for lapskauskjøtt.
2. I en middels bolle, rør sammen hvitløk, salt, spisskummen, koriander og pepperflak. Tilsett kjøttet i bollen og bland det grundig. Dekk til og avkjøl i 12 til 24 timer. Nå er det på tide å tørke kjøttet enten i ovnen eller med matdehydrator.
3. Smør en rist med olje lett og legg den på toppen av det kledde bakepapiret. Legg det marinerte kjøttet på risten. Ikke la bitene berøre; Å tillate luftstrøm mellom stykkene vil hjelpe dem å tørke raskere.
4. Sett bakeplatene i ovnen. Hvis du ikke har varmluftsovn, kile opp ovnsdøren med et tresleivhåndtak. Avhengig av ovnen din, været og tykkelsen på kjøttet, vil lammet være tørt i løpet av 7 til 8 timer. Den er klar når den føles hard (som kokt

kjøtt) over det hele. Nå er det på tide å steke og speke kjøttet.

65. Corned beef

- 6 kopper vann
- ¾ kopp kosher salt
- ¾ kopp sukker
- 1 snau teskje rosa herdesalt
- 1 ss sorte pepperkorn
- 2 ts brune sennepsfrø
- 2 ts sellerifrø
- 1 ts karvefrø
- 4 fedd hvitløk, knust
- 2 stjerneanis
- 1 stort tørket laurbærblad
- 1 (4 pund) oksebryst

1. Tilsett vann, salt, sukker og salt i en stor dyp bolle eller liten matsikker bøtte og rør godt for å løse opp de faste stoffene; løsningen vil være uklar. Tilsett pepperkorn, sennepsfrø, sellerifrø, karvefrø, hvitløk, stjerneanis og laurbærblad, og tilsett deretter kjøttet.

2. Dekk til bollen og la oksekjøttet "mais" i kjøleskapet i 10 til 14 dager eller til det er helt herdet.

3. Når det er herdet, tøm og skyll kjøttet og kast alle saltlakeingrediensene. Legg kjøttet i en stor gryte og dekk det med ferskvann med 1 tomme. Dekk til og kok opp, reduser deretter varmen og la det småkoke i 1½ time (ikke kok det, ellers blir kjøttet seigt). Hvis du lager et måltid ut av dette, tilsett poteter, gulrøtter og kål og la dem småkoke med biff de siste 30 minuttene. Kjøttet er ferdig når den indre temperaturen på den tykkeste delen er 150°F (65°C).

66. Pastrami

- 1 (4-pund) speket Corned Beef, tilberedt gjennom trinn 2
- 2 ts finknust sort pepperkorn

1. Kast saltlaken (inkludert alle de faste **ingrediensene**) fra corned beef. Hvis du planlegger å bløtlegge kjøttet for å redusere saltinnholdet, gjør det nå: Bløtlegg kjøttet i ferskvann i 1 time. Tøm og gjenta.

2. Tørk kjøttet og trykk på paprikaen. La den stå på en rist under en vifte for å hjelpe den å tørke mens du forbereder grillen for varm eller kald røyking.

1. Ved varmrøyking, røyk kjøttet med den tykkeste delen nærmest flammen til det når en innvendig temperatur på 150°F (65°C) i midten av den tykkeste delen.

Hvis kaldrøyking, røyk kjøttet i 12 timer, og gjør det ferdig i ovnen ved 250°F (120°C) eller på en lavvarmegrill i ca. 1 time, til det når en indre temperatur på 160°F (70°C) i midten av den tykkeste delen.

2. La kjøttet avkjøles helt, og avkjøl det deretter i 1 dag før det spises. Skjær den i tynne skiver og nyt.

67. Saltet svinekjøtt

-

- 3 ss kosher salt

- 3 ss mørk brunt sukker

- 1 ts malte laurbærblad

- 1 ts malt kanel

- ¾ ts malt muskatnøtt 1¼ pounds svinekjøtt uten skinn

1. Kombiner salt, sukker, laurbær, kanel og muskatnøtt i en stor grunne form.

2. Skjær svinekjøttet i to på langs slik at du har to lange stykker. Tørk kjøttet med tørkepapir til det er klissete. Press alle sider av svinekjøttet inn i saltblandingen, gni det virkelig inn for å få blandingen til å feste seg til svinekjøttet.

3. Legg hvert stykke svinekjøtt i sin egen ziplock-pose; rull og lukk posen godt for å fjerne all luft. La svinekjøttet stå i kjøleskapet i 1 uke, snu det en gang om dagen eller så for å omfordele krydderet. Kjøttet skal føles stivt og speket etter 7 dager.

4. Svinekjøttet er nå klart til å tilberedes. Hvis du ønsker å renne litt av fettet før tilberedning, la det småkoke i 20 minutter , renne av og deretter tørke det helt før bruk.

68. Skål med røkt gulrøtter og poteter

Serverer 6

2 store gulrøtter, skrelt og grovhakket

2 store Yukon Gold-poteter, skrelt og i kile

5 ss olivenolje

5 ss balsamicoeddik

Salt og pepper, etter smak

Fyr grillen til 400 °F (204 °C). Bruk ønsket trepellets når du lager mat. Lukk lokket og forvarm i 15 minutter.

Ha alle ingrediensene i en bolle og bland for å dekke grønnsakene med krydder.

Legg på et stekebrett dekket med folie.

Legg på grillristen og lukk lokket. Kok i 30 minutter.

69. Røkt hvitløk rosenkål

Serverer 6

1-½ pund (680 g) rosenkål

2 fedd hakket hvitløk

2 ss ekstra virgin olivenolje

Havsalt og knust sort pepper

Skyll spirer

Fjern de ytre bladene og den brune bunnen fra spirene.

Legg spirer i en stor bolle og strø deretter med olivenolje.

Tilsett et lag hvitløk, salt og pepper og overfør dem til pannen.

Legg til det øverste stativet på den elektriske røykeren med vann og flis.

Røyk i 45 minutter eller til den når 250°F (121°C) temperatur.

70. Stekt bacon med grønne bønner

Serverer 6

1 pund (454 g) grønne bønner

4 strimler bacon, kuttet i små biter

4 ss ekstra virgin olivenolje

2 fedd hvitløk, finhakket

1 ts salt

Fyr grillen til 400F (204°C). Bruk ønsket trepellets når du lager mat. Lukk lokket og forvarm i 15 minutter .

Kast alle ingrediensene på et brett og fordel jevnt.

Sett brettet på grillristen og stek i 20 minutter .

71. Røkt vannmelon spyd

Serverer 5

1 liten vannmelon uten frø

Balsamicoeddik etter behov

Trespyd

Skjær endene av små vannmeloner uten frø

Skjær vannmelonen i 1-tommers terninger. Legg terningene i en beholder og drypp eddik på terningene av vannmelon.

Forvarm den elektriske røykeren til 225 °F (107 °F). Tilsett flis og vann i den elektriske røykeren før du starter forvarmingen.

Legg terningene på spydene.

Legg spydene på den elektriske røykstativet i 50 minutter.

Kokk. Fjern spydene. Tjene!

72. Røkt ostesopp

Serverer 12

12-16 hvite sopp, store, renset og stilker fjernet

1 kopp parmesanost

1 kopp brødsmuler, italiensk

2 hakkede hvitløksfedd

2 ss frisk persille, hakket

$\frac{1}{4}$ - $^1/_3$ kopp olivenolje

Salt og pepper, etter smak

Forvarm din 375 ° F (191 ° C). Fjern sjampinjongens nederste stilk og del resten i små biter.

Kombiner soppstilker, parmesanost, brødsmuler, hvitløk, persille, 3 ss olje, pepper og salt i en stor bolle. Bland til det er fuktig.

Legg sopp lagvis i en panne, engangs, og fyll dem med blandingen til de er hopet opp. Drypp med mer olje.

Sett pannen på grillen. Røyk i ca 1 time og 20 minutter til fyllet blir brunt og sopp blir mørt.

Fjern fra og server. Nyt!

73. Røkte grønnsaker med kyllingkrydder

Serverer 15

1 mais, fersk, skall og silketråder fjernet

1 gul squash, i skiver

1 rødløk, kuttet i terninger

1 grønn paprika, kuttet i strimler

1 rød paprika, kuttet i strimler

1 gul paprika, kuttet i strimler

1 kopp sopp, halvert

2 ss olje

2 ss kyllingkrydder

Bløtlegg pecan trepellets i vann i en time. Fjern pellets fra vannet og fyll den elektriske røykeboksen med våte pellets.

Plasser den elektriske røykeboksen under grillen og lukk lokket. Varm opp grillen på høy varme i 10 minutter eller til det begynner å komme røyk ut av flisene.

I mellomtiden, sleng grønnsakene i olje og krydder, og overfør dem deretter til en grillkurv.

Grill i 10 minutter mens du snur av og til. Server og nyt.

74. Røkt Mayo Potetsalat

Serverer 4 til 6

2 pund (907 g) kokende poteter (helst økologiske), skrubbet med en stiv børste

2 ss ekstra virgin olivenolje

Grovt salt (sjø eller kosher) og nykvernet sort pepper, etter smak

1 kopp majones eller røkt majones

3 ss dijonsennep

1 ss rødvinseddik, eller mer etter smak

2 hardkokte egg, skrelt og grovhakket

2 ss hakket fersk dill

2 løkløk, trimmet, hvite deler finhakket , grønne deler i tynne skiver på tvers

8 grønne oliven med pit eller pimiento-fylte oliven, i tynne skiver eller grovhakket

8 cornichons (små syrlige franske sylteagurker) eller 1 dill-pickle, grovhakket (ca. 3 ss)

1 ss avrent kapers, eller etter smak

Spansk røkt paprika (pimentón), til strøing

Kutt eventuelle større poteter i to eller fire; la små være hele. Tanken er at alle bitene skal ha en bitestørrelse, omtrent 1 tomme på tvers.

Legg potetene i et enkelt lag i en aluminiumsfoliepanne. Rør inn olivenolje og smak til med salt og pepper.

Sett opp din elektriske røyker etter produsentens instruksjoner og forvarm til 275°F (135°C). Legg til tre som spesifisert av produsenten.

Legg potetene i den elektriske røykemaskinen og røyk til de er møre (et bambusspyd vil lett stikke hull i spudsene), 1 til $1\frac{1}{2}$ time, eller etter behov. Rør et par ganger så potetene brunes jevnt. Ta ut potetene og la avkjøles litt (de skal være varme).

Mens potetene ryker, lager du dressingen: Kombiner majones, sennep og eddik i en stor bolle og visp for å blande.

Visp inn hakkede egg, dill, løk, oliven, sylteagurk og kapers. Dekk til og avkjøl til potetene er klare.

Rør de varme potetene inn i dressingen. Korriger krydderet, tilsett salt, pepper og eddik etter smak; salaten skal være sterkt krydret.

Du kan servere potetsalaten varm eller avkjølt (dekk til og avkjøl, eller hurtigkjøl salaten over en skål med is) Ha over i en serveringsbolle og dryss med røkt paprika før servering.

75. Røkte grønnsaker med kremet mais

Serverer 4 til 6

De røkte grønnsakene:

4 ører fersk søt mais, skall og silke fjernet, eller 3 kopper frosne maiskjerner, tint

1 liten løk, skrelt og delt i kvarte

2 ss (¼ pinne) smør, smeltet

Grovt salt (sjø eller kosher) og nykvernet sort pepper, etter smak

1 poblano pepper, oppstilt, delt i to på langs og frøsådd

Kremet mais:

1 ss smør

1 ss ubleket universalmel

2 ts spansk røkt paprika (pimentón) eller søt paprika

½ kopp mørkt øl

1 til 1½ kopper halv og halv

1 ss lyst eller mørkt brunt sukker

1½ kopper grovrevet cheddarost

Sett opp din elektriske røyker etter produsentens instruksjoner og forvarm til 225°F (107°C) til 250°F (121°C). Legg til veden som spesifisert av produsenten.

Pensle mais og løk lett med smøret og smak til med salt og pepper. Plasser mais, løk og poblano pepper på det elektriske røykstativet og røyk til det er lett bronsert med røyk, 30 til 40 minutter.

Ha over på et skjærebrett og la avkjøle. Skjær kjernene av kolbene. Skjær løk og poblano i ¼-tommers terninger.

Smelt smøret i en stor kjele på middels varme. Rør inn grønnsakene og kok til de er sydende, 3 minutter. Rør inn mel og paprika og stek i 1 minutt. Rør inn ølet, øk varmen til middels høy og kok i 1 minutt (for å koke av alkoholen).

Rør inn 1 kopp halv-og-halvt og brunt sukker og kok til det tykner, 1 minutt.

Reduser varmen og la maisen småkoke til den er tykk og rik på smak, 5 til 8 minutter, mens du rører ofte.

Rør inn osten og stek akkurat lenge nok til å smelte den. Hvis blandingen virker for tykk, tilsett mer halv-og-halv.

Tilsett salt, pepper og ekstra sukker, hvis ønskelig, og server.

76. Røkt pepperaktig okra

Server 4

Nonstick matlagingsspray eller smør, for smøring

1 pund (454 g) hel okra

2 ss ekstra virgin olivenolje

2 ts krydret salt

2 ts nykvernet sort pepper

Forsyn din elektriske røyker med trepellets og følg produsentens spesifikke oppstartsprosedyre. Forvarm, med lokket lukket, til 400°F (204°C). Alternativt kan du forvarme ovnen til 400°F (204°C).

Kle en bakeplate med grunn kantkanter med aluminiumsfolie og belegg med matlagingsspray.

Ordne okraen på pannen i et enkelt lag. Drypp med olivenolje, snu til belegg. Smak til på alle sider med salt og pepper.

Plasser stekepannen på grillristen, lukk lokket og røyk i 30 minutter , eller til den er sprø og litt forkullet. Alternativt kan du steke i ovnen i 30 minutter . Serveres varm.

77. En panne kald røkt ost

Serverer 10

Is

1 aluminiumspanne , full størrelse og engangs

1 aluminiumspanne , halvstor og engangs

Tannpirkere

En blokk ost

Forvarm trepelleten til 165 °F (74 °C) med lokket lukket i 15 minutter .

Legg den lille pannen i den store pannen. Fyll omgivelsene til den lille pannen med is.

Plasser osten i den lille pannen på toppen av tannpirkere og sett deretter pannen på grillen og lukk lokket.

Røyk ost i 1 time, snu osten og røyk i 1 time til med lokket lukket.

Fjern osten fra grillen og pakk den inn i bakepapir. Oppbevar i kjøleskapet i 2-3 dager for at røyksmaken skal bli myk.

Ta ut av kjøleskapet og server. Nyt.

78. Røkte bønner og dijonsennepssalat

Serverer 6

1 boks Great Northern Beans, skylt og drenert

1 boks røde nyrebønner, skyllet og drenert

1 pund (454 g) friske grønne bønner, trimmet

2 ss olivenolje

Salt og pepper, etter smak

1 sjalottløk, skåret i tynne skiver

2 ss rødvinseddik

1 ts dijonsennep

Fyr grillen til 260 °C (500 °F), bruk ønsket trepellets når du lager mat. Lukk lokket og forvarm i 15 minutter.

Legg bønnene i et brett og drypp med olivenolje. Smak til med salt og pepper etter smak.

Legg i grillen og stek i 20 minutter. Sørg for å riste brettet for jevn matlaging.

Når de er kokt, fjerner du bønnene og legger dem i en bolle. La det avkjøles først.

Tilsett sjalottløken og resten av ingrediensene . Smak til med mer salt og pepper om ønskelig. Kast for å dekke bønnene med krydderet.

79. Canolaolje Røkt sopp

Serverer 5

4 kopper portobello, hel og rengjort

1 ss rapsolje

1 ss løkpulver

1 ss granulert hvitløk

1 ss salt

1 ss pepper

ingrediensene i en miksebolle og bland godt.

Still inn trepelletstemperaturen til 180°F (82°C), og legg deretter soppen direkte på grillen.

Røyk soppen i 30 minutter.

Øk temperaturen til høy og stek soppen i ytterligere 15 minutter.

Server og nyt.

80. Røkte grønnsaker med sopp

Serverer 6

1 kopp pecan treflis

1 øre fersk mais, silketråder fjernet, og skall, kuttet mais i 1-tommers biter

1 middels gul squash, ½-tommers skiver

1 liten rødløk, tynne skiver

1 liten grønn paprika, 1-tommers strimler

1 liten rød paprika, 1-tommers strimler

1 liten gul paprika, 1-tommers strimler

1 kopp sopp, halvert

2 ss vegetabilsk olje

Grønnsakskrydder

Ta en stor bolle og bland alle grønnsakene sammen i den. Dryss det med krydder og kle alle grønnsakene godt med det.

Legg flisene og en bolle med vann i den elektriske røykeren.

Forvarm den elektriske røykeren til 100 °F (37 °C) eller ti minutter .

Legg grønnsakene i en panne og legg til den midterste rillen på den elektriske røykemaskinen.

Røyk i tretti minutter til grønnsaken blir mør.

Når du er ferdig, server og nyt.

81. Kanel røkt eikenøtt squash

Serverer 6

3 eikenøttsquash, frøsådd og halvert

3 ss olivenolje

¼ kopp smør, usaltet

1 ss kanel, malt

1 ss chilipulver

1 ss muskatnøtt, malt

1 kopp brunt sukker

Pensle de kuttede sidene av squashen med olivenolje, og dekk deretter til med folie som stikker hull for røyk og damp.

Forvarm din til 225 °F (107 °C).

Legg squashhalvdelene på grillen med snittsiden ned og røyk i ca 1½-2 timer. Fjern fra grillen.

La det stå mens du tilbereder kryddersmør. Smelt smør i en kjele og tilsett krydder og sukker under omrøring.

Fjern folien fra squashhalvdelene.

Legg 1 spiseskje av smørblandingen på hver halvdel.

82. Røkt gul squash med sopp

Serverer 6

1 mais, fersk, skall og silketråder fjernet

1 gul squash, i skiver

1 rødløk, kuttet i terninger

1 grønn paprika, kuttet i strimler

1 rød paprika, kuttet i strimler

1 gul paprika, kuttet i strimler

1 kopp sopp, halvert

2 ss olje

2 ss kyllingkrydder

Bløtlegg pecan trepellets i vann i en time. Fjern pellets fra vannet og fyll den elektriske røykeboksen med våte pellets.

Plasser den elektriske røykeboksen under grillen og lukk lokket. Varm opp grillen på høy varme i 10 minutter eller til det begynner å komme røyk ut av flisene.

I mellomtiden, sleng grønnsakene i olje og krydder, og overfør dem deretter til en grillkurv.

Grill i 10 minutter mens du snur av og til. Server og nyt.

83. Krem av røkt tomatsuppe

Utbytte: 8 porsjoner

Ingrediens

- 4 pund ferske bifftomater; kvart
- 3 ss olivenolje
- 2 kopper hakket gul løk
- 1 kopp hakket selleri
- 1 kopp hakkede gulrøtter
- 1 salt; å smake
- 1 nykvernet sort pepper; å smake
- 1 klype cayennepepper
- 2 ss finhakket hvitløk
- $\frac{1}{2}$ liter kyllingkraft
- $\frac{1}{4}$ kopp finhakket persille
- $\frac{1}{2}$ kopp tung krem

1. I en miksebolle, sleng tomatene med 1 ss olivenolje, salt og pepper. Plasser tomatene på stativet til den elektriske røykeren og legg i den elektriske røykeren. Røyk tomatene i 30 minutter.

2. Varm opp resten av olivenoljen i en fond. Når oljen er varm, surr løk, selleri og gulrøtter. Krydre grønnsakene med salt, pepper og cayenne. Stek grønnsakene i 4 til 5 minutter . Tilsett hvitløk, røkte tomater og tomatjuice. Kok i 3 til 4 minutter , rør ofte. Tilsett kyllingbuljongen og kok opp.

3. Rør inn den tunge fløten og server.

84. Krem av kål suppe

Utbytte: 12 porsjoner

Ingrediens

- 1 hode savoykål eller grønnkål
- 1 spansk løk
- 3 gram Røkt ørret eller røkt laks
- 1½ liter kyllingkraft
- 1 ss fersk timian
- 3 kopper tung krem
- Salt
- Pepper

1. Skjær kål i 1-tommers terninger. Skjær baconet i fine terninger.
2. Skjær fisken i strimler. Varm opp kyllingkraften.
3. Stek bacon i en stor, tung gryte til nesten sprøtt, ca. 4 minutter.
4. Tilsett løk og stek på middels varme til den er mør, ca 5 minutter. Tilsett kål og tørket timian, hvis du bruker, og kok til kålen er myk, ca 5 minutter.
5. Tilsett den varme kyllingkraften og kok opp. Reduser varmen til en koking og kok i ca 20 minutter. Tilsett den tunge fløten

og la suppen koke opp. Tilsett frisk timian, hvis du bruker, og smak til med salt og pepper.

85. Kyllingkraft

•

- 4 pund kyllingbein
- 2 gulrøtter, grovhakket
- 2 stangselleri, grovhakket
- 1 gul løk

1. Legg kyllingbeinene, gulrøtter, selleri og løk i en stor gryte og dekk til med 3 tommer vann. Dekk til kjelen og kok opp på høy varme. Et skum vil stige til overflaten av potten; skum den av med en metallskje og kast den.

2. Reduser varmen til lav, til kraften bare av og til avgir små bobler.

3. Dekk til og la kraften koke i minimum 2 timer, eller opptil 12 timer, rør av og til.

4. Sil kraften gjennom et dørslag eller en finmasket sil, og trykk ned på de faste stoffene for å hjelpe dem med å frigjøre all den gylne væsken. Kast de faste stoffene.

5. Beholdningen din er nå klar til bruk eller til lagring.

86. Bacalao og olivengryte

-

- 8 gram bacalao
- ½ kopp ekstra virgin olivenolje
- 2 store friske rosmarinkvister
- 10 kalamata oliven
- 8 soltørkede tomathalver
- 2 store hvitløksfedd
- Nykvernet sort pepper
- 1 sprø baguette til servering

1. For å rekonstituere bacalaoen, bløtlegg den i nok kaldt vann fra springen til å dekke den helt i 24 timer, og bytt vannet hver 8. time. Tøm fisken og tørk den.

2. Forvarm ovnen til 325°F (160°C).

3. Hell olivenoljen i en 8-tommers firkantet panne. Tilsett fisken med skinnsiden ned. Legg rosmarinen oppå og med god grunn: fisken. Dryss oliven og tørkede tomater på toppen. Stek fisken i ca 40 minutter , eller til ingrediensene begynner å bli brune.

4. Mens fisken koker, skjærer du hvitløken i tynne skiver. Umiddelbart etter å ha tatt fisken ut av ovnen, mens oljen fortsatt bobler, drysser du hvitløken i oljen.

5. La retten hvile i 10 minutter , og rør deretter for å dekke alt i oljen og kombinere smakene. Smak til med sort pepper etter smak. Skje ut småretter av lapskausen med den smakfulle oljen og server med baguetten.

87. Andeconfitert og eplesalat

-

- ½ ts kosher salt
- 1 liten sjalottløk, skåret så tynne som mulig
- 3 ss ekstra virgin olivenolje
- 3 ss sitronsaft
- ½ ts nykvernet sort pepper
- 2 andeconfitert benkvarter (bein og lår)
- 2 hoder av endivie
- 1 middels syrlig eple

1. Ha salt og sjalottløk i en stor salatskål. Mos saltet inn i sjalottløken med baksiden av en solid skje. Rør inn en teskje eller så av olivenoljen, og tilsett deretter resten gradvis mens du visp til den er helt innlemmet. Visp inn sitronsaft og pepper. Sett dressingen til side mens du forbereder resten av salaten. 2. Fjern anda fra fettet, og skrap bort nesten alt fettet fra utsiden. Stek anda med oversiden ned i en stor stekepanne over middels høy varme i 5 til 7 minutter . Vend deretter anda i pannen, stek på alle sider til alt skinnet er sprøtt, ca. 12 minutter totalt.

3. Mens anda koker kutter du endivien i passe store biter. La skallet sitte på eplet, men fjern kjernen. Skjær eplet i tynne halvmåner. Kast endivien og eplet i bollen med vinaigretten og hell salaten på tallerkener. Topp salaten med den varme anda og server.

88. Røkt fiskesalat

- 1 kopp rømme
- ¼ kopp finhakket rødløk
- ¼ kopp finhakket selleri
- 1 ts finhakket sitronskall
- 12 gram røkt fisk, flak
- Kosher salt og nykvernet pepper

1. Bland grundig rømme, sennep, løk, selleri, dill, 2 ts tilberedt sennep og sitronskall i en middels bolle.

2. Brett inn fisken. Dekk den helt med rømmeblandingen ¼ kopp finhakket fersk dill

3. Smak på salaten og tilsett salt og pepper om nødvendig, og nyt.

89. Maisbrød salat

Utbytte: 4 porsjoner

Ingrediens

- 3 kopper 1/2-tommers gammelt maisbrød i terninger
- ½ kopp rød paprika i terninger
- ½ kopp gul paprika i terninger
- ¼ kopp finhakket rødløk
- ¼ kopp finhakket grønn løk
- 2 fedd hvitløk
- ¼ kopp risvineddik
- ⅓ kopp olivenolje
- 1 ts Mos chipotle pepper
- 1 ss honning
- ¼ kopp grovhakket koriander
- Salt og nykvernet
- Pepper

1. Forvarm ovnen til 350 grader F. Fordel maisbrød i et jevnt lag på en bakeplate og stek i 20 minutter, eller til de er sprø. Legg maisbrødet i en stor bolle og tilsett paprika, løk og hvitløk.

2. Bland sammen vinaigretteingrediensene, tilsett maisbrødblandingen og bland for å kombinere.

3. La den stå i romtemperatur i 15 minutter før servering.

90. Grillet bete og røkt ørret salat

Utbytte: 2 porsjoner

Ingrediens

- 2 store rødbeter
- 3 kopper riseddik
- 4 kopper vann
- 2 ss sennepsfrø
- 1 ss anisfrø
- ¼ kopp sukker
- 1 ss Cu min frø
- 4 gram druekjerneolje
- 1 haug fersk gressløk
- Salt etter smak
- 1 unse sitronsaft
- 12 gram Hel røkt regnbueørret
- 4 små bunter babybladsalat
- Skal av 1 sitron

1. Skrell rødbetene og skjær dem i ¼ tomme tykke skiver. Kombiner eddik, frø og sukker i en ikke-reaktiv gryte. Kok opp og reduser til det halve. Tilsett vannet og kok opp igjen. Tilsett rødbeter og kok til den er ferdig, men fortsatt fast.

2. For å lage sitroneddik: Kombiner 2 gram av den silte kokevæsken fra rødbetene med sitronsaften. Fjern eventuelt bein fra ørreten. Bein kan enkelt fjernes ved å ta ut ryggraden, og pinnebeinene kommer for det meste med. Skrell skinnet av filetene. Flak fisken forsiktig i små biter på størrelse med krabbekjøtt.

3. Slik lager du gressløksoljen: Kombiner gressløken med druekjerneoljen i en blender. Pure til glatt; smak til med salt.

91. Steinhummer og røkt ørret

Utbytte: 1 porsjon

Ingrediens

- 1 Kokt steinhummer
- 400 gram røkt havørret
- 1 kontinental agurk
- 1 grønn zucchini
- 1 gul zucchini
- 1 gulrot
- 100 gram Tatsoi-blader
- 2 lime; juiced
- 1 ss palmesukker
- ½ kopp olivenolje
- Salt og pepper

1. Fjern kjøttet fra halen på steinhummeren, skjær i fine skiver og sett til side

2. Skjær den røkte havørreten i tynne strimler og sett også til side Del agurken i to, på langs og øs ut og kast frøene. Skjær på en mandolin eller "V-slicer"*, for å lage strimler som ligner fettuccine. Skrell gulroten og skjær den i skiver på samme måte som agurken.

3. Hold squashen hele, og skjær dem også på langs i lange tynne strimler.

4. Bland hummer, havørret, grønnsaker og tatsoi-blader sammen.

5. Til dressingen, varm limesaften og løs opp palmesukkeret. Hell over i en bolle og visp inn olivenolje til blandingen er tykk og oljen har emulgert med limesaften. Smak til med salt og pepper og bland dette gjennom salatingrediensene.

6. Anrett salaten i et vakkert fat og server.

92. Røkt aubergine salat

Utbytte: 4 porsjoner

Ingrediens

- 1 stor aubergine
- 2 ss fersk sitronsaft
- 2 Jalapeno paprika
- 1 grønn paprika
- 1 rødløk; kvarte, med
- Stengelenden intakt
- 4 fedd hvitløk; hakket
- Salt; å smake
- 2 ss olivenolje
- ¼ kopp malte valnøtter
- ⅓ kopp tykk; (avrent) yoghurt
- 3 ss rødvinseddik

1. Plasser auberginen rett over en grill eller gassflamme og stek, snu ofte, til skinnet er forkullet og auberginen er myk. Overfør aubergine til et skjærebrett for å avkjøles kort. Med våte hender, skrell av alt det svarte skinnet, åpne deretter auberginen forsiktig og fjern frøene. Legg auberginen i en bolle, dekk med vann og rør inn sitronsaften. La stå i 30 minutter.

2. Stek i mellomtiden paprikaen over grillen eller flammen, snu slik at skallet blir jevnt forkullet. Overfør forkullet paprika til en plastpose, bind toppen og la den dampe til den er avkjølt, ca. 15 minutter.

3. Skrell av det forkullede skinnet for hånd. Skjær vekk stilker, frø og årer, og finhakk. Stek løken over grillen eller flammen til den er forkullet. La avkjøles, skrell bort forkullet hud, skjær vekk stilken og finhakk. Fjern auberginen fra vannet og klem tørr. Slå aubergine, paprika, løk, hvitløk og salt til en pasta i en morter. Tilsett olivenolje, valnøtter, yoghurt og eddik.

93. Sjokoladepudding med røkt iskrem

Serverer 8

- 1 brød (1 pund / 454 g) brioche, kuttet i 1-tommers terninger (ca. 8 kopper)
- 3 kopper tung (pisket) krem
- 2 kopper helmelk
- 1½ kopp sukker
- Klype salt
- 1 vaniljestang
- 8 unser (227 g) bittersøt sjokolade, grovhakket
- 4 store egg

- 2 store eggeplommer
- 1 ts ren vaniljeekstrakt (1¼ ts hvis du ikke bruker vaniljestangen)
- Smør, til smøring av pannen
- Røkt iskrem, til servering (valgfritt)

a) Sett opp din elektriske røyker etter produsentens instruksjoner og forvarm til 225°F (107°C) til 250°F (121°C). Legg til veden som spesifisert av produsenten.

b) Plasser brioche-terningene i et enkelt lag i en aluminiumsfoliepanne og legg i den elektriske røykeren.

c) Røyk, rør av og til slik at kubene ryker jevnt, til de er faste og ristet, 30 til 45 minutter.

d) I mellomtiden lager du vaniljesausen: Ha fløte, melk, sukker og salt i en tykk kasserolle. Skjær vaniljestangen, hvis du bruker, i to på langs, og skrap de bittesmå sorte frøene inn i kremen.

e) Tilsett deretter vaniljestanghalvdelene. Kok opp på middels varme, visp til sukkeret er oppløst. Fjern kjelen fra varmen.

f) Fjern vaniljestanghalvdelene; du kan skylle, tørke og gjenbruke dem. Visp inn halvparten av sjokoladen til den er smeltet. (Sett pannen tilbake på lav varme hvis sjokoladen trenger hjelp til å smelte.)

g) Ha eggene, eggeplommene og vaniljeekstraktet, hvis du bruker det, i en stor varmefast bolle og visp til det er jevnt. Pisk gradvis inn den varme fløteblandingen.

h) Tilsett det litt etter litt for ikke å krølle eggene. Tilsett røkt brødterninger og brett til brødet har absorbert det meste av vaniljesausen.

i) Smør pannen og ha i puddingblandingen. Dryss over den resterende hakkede sjokoladen, skyv bitene inn i brødpuddingen med en gaffel.

j) Øk varmen til din elektriske røyker til 325°F (163°C). Noen elektriske røykere vil ikke gå så høyt; hvis ikke, øk varmen til 275°F (135°C).

k) Røyk brødpuddingen til den er puffet og brunet på toppen og vaniljesausen er stivnet, 40 til 60 minutter ved høyere temperatur, 1 til 1½ time ved lavere temperatur. (Sett et metallspyd i midten av puddingen – den skal komme ren ut når vaniljesausen er stivnet.)

l) Server brødpuddingen varm (med Røkt iskrem, om ønskelig).

94. Røkt fersken med vaniljeis

Server 4

4 ferske modne Georgia fersken

8 ss (1 pinne) usaltet smør

1 kopp (pakket) mørkt brunt sukker

1 unse (28 g) (2 ss) mørk rom

10 unser (283 g) (1¼ kopper) aprikoskonserver

Vaniljeis (valgfritt)

a) Varm opp en elektrisk røyker til 325°F (163°C).

b) Klipp ferskenene og skjær hver i kvarte. Legg kvartene på spyd. Legg spydene på en stor aluminiumspanne.

c) Kombiner smør, brunt sukker, rom og syltetøy i en liten kjele over middels lav varme. Rør for å blande grundig.

d) Glaser ferskenene med den konserverte blandingen, plasser pannen i den elektriske røykeren og stek i 4 minutter på hver side eller til ferskenene er myke. Server ferskenene på toppen av vaniljeis, hvis du vil.

95. Ostekake med røkt laks

Utbytte: 1 porsjon

Ingrediens

- 12 unser Fløteost, myknet
- ½ pund Røkt laks eller Lox
- 3 Egg
- ½ Sjalottløk, finhakket
- 2 spiseskjeer Kremfløte
- 1½ ts Sitronsaft
- klype Salt
- klype hvit pepper
- 2 spiseskjeer Granulert sukker
- ½ kopp Naturell yoghurt
- ¼ kopp Rømme
- 1 ss Sitronsaft
- ¼ kopp hakket gressløk
- Rød og gul paprika i terninger

1. I en mikserbolle, pisk osten til den er veldig myk. Puré laksen i foodprosessor for å lime inn; tilsett egg om gangen og sjalottløk.

2. Legg lakseblandingen i bollen; bland inn fløte, sitronsaft, salt, pepper og sukker; bland godt. Vend inn i kremost.

3. Hell i en smurt 7- eller 8-tommers springform. Plasser fylt panne i større bakeplate; omslutt mindre panne med 1 tomme varmt vann. Stek i 25 til 30 minutter.

4. Lag saus i mellomtiden.

96. Mais og røkt kalkunpudding

Utbytte: 4 porsjoner

Ingrediens

- 2 spiseskjeer Smør
- ½ kopp Finhakket løk
- 1 kopp Finskåret rød bjelle Paprika
- 1 ss Maisstivelse oppløst i kyllingbuljong
- 1 kopp Lett krem
- 4 Egg, separert
- 1 ts Dijon sennep
- 2 kopper Tint frosne maiskjerner
- 1 kopp Strimlet røkt kalkun
- Salt og nykvernet Svart pepper

1. Varm smør i en 9-tommers panne. Stek løk og paprika til den er myk og løken er litt brun.

2. Når de er avkjølte, overfør disse til en miksebolle og tilsett maisstivelse, fløte, eggeplommer og sennep. Visp godt for å blande.

3. Brett mais og kalkun inn i eggedosisen. Smak til med salt og pepper. Pisk eggehvitene til de holder stive topper, men ikke er tørre, og vend dem inn i eggeplommeblandingen. Overfør til den smurte ildfaste formen og stek i 35 til 40 minutter eller til den er brun og puffy.

4. Server med en siderett av skivede modne tomater og vinaigrette.

97. Tranebærkjeks

Utbytte: 10 porsjoner

Ingrediens

- 2 kopper Brød mel
- 1 ts Bakepulver
- ¼ ts Salt
- 2 spiseskjeer Vegetabilsk matfett
- 3 spiseskjeer Sukker
- 1 pakke Tørrgjær
- ⅔ kopp Varm kjernemelk uten fett
- 2 spiseskjeer Varmt vann
- ½ kopp Tørkede tranebær
- Vegetabilsk matlagingsspray
- 1 pund Tynne skiver kokt kalkunbryst
- Krydret sennep

1. Kombiner de første 3 **ingrediensene** i en foodprosessor, og kjør 2 ganger eller til de er blandet. Tilsett matfett, og bearbeid i 10 sekunder eller til det er blandet.

2. Løs opp sukker og gjær i varm kjernemelk og vann i en liten bolle; la stå i 5 minutter . Med prosessoren på, tilsett gjærblandingen sakte gjennom matrennen .

3. Vend deigen ut på en lett melet overflate, og elt inn tyttebær . Rull deigen til $\frac{1}{2}$-tommers tykkelse; kutt med en 2-tommers kjekskutter i 20 kjeks.

4. Legg på en stekeplate dekket med kokespray. Stek på 425 grader i 8 minutter eller til de er gylne.

98. Kremet røkelaks og dillterte

Utbytte: 6 porsjoner

Ingrediens

- 5 Filoark - tint
- 3 spiseskjeer Usaltet smør - smeltet
- 4 store Eggeplommer
- 1 ss Dijonsennep - PLUSS 1 ts
- 3 store Egg
- 1 kopp Halv og halv
- 1 kopp Pisker krem
- 6 gram Røkt laks - hakket
- 4 Grønn løk - hakket
- $\frac{1}{4}$ kopp Dill

1. Smør sjenerøst 9-$\frac{1}{2}$-tommers diameter dyp tallerken pai tallerken. Legg 1 ark filo på arbeidsflaten. Pensle filoplaten med smør og brett den i to på langs.

2. Pensle foldet overflate med smør. Skjær i to på tvers. Legg 1 filo-rektangel, med smørsiden ned, i tilberedt paiform. Pensle toppen av filoen i paietallerken med smør. Plasser andre filo rektangel i pai plate, dekker bunnen og la bakverk overhenge en annen del av kanten med $\frac{1}{2}$-tommers; pensle med smør.

3. Forvarm ovnen til 350F. Pisk eggeplommer og sennep i en middels bolle for å blande. Pisk inn egg, halvparten og

halvparten, fløte, laks og løk og hakket dill. Smak til med salt og pepper. Hell i forberedt skorpe.

4. Stek til midten er stivnet, ca 50 minutter. Overfør til stativ. Kul.

5. Pynt med dillkvister og server litt varm eller i romtemperatur

99. Agurk runder med røkelaks

Utbytte: 40 forretter

Ingrediens

- 8 gram Fløteost, ved romtemperatur.
- 2 unser Røkt laks
- miste Sitronsaft (noen dråper)
- 3 spiseskjeer Kremfløte
- Hvit pepper etter smak
- 2 Engelske agurker uten frø
- Pynt brønnkarseblad (åpent)

1. Kombiner mousseingrediensene i bollen til en foodprosessor og kjør til blandingen er jevn. Avkjøl minst 30 minutter. Skjær hver agurk på tvers i omtrent 20 skiver, hver litt mindre enn $\frac{1}{4}$" tykke.

2. Agurker kan også skrelles, stripes med gaffelpinner eller skjæres i dekorative former med kjekskuttere.

3. Sett sammen hor d'oeuvres ikke mer enn en time før servering ved å myke opp moussen med en tresleiv og ha den i en konditorpose med bladspiss.

4. Rør mousse på toppen av hver agurkskive og pynt med et lite brønnkarseblad.

100. Latkes med røkelaks

Utbytte: 1 porsjon

Ingrediens

- 2 pund poteter, skrelt
- 1 egg
- 2 ss mel
- ½ ts salt
- Kvernet pepper etter smak
- 2 gram røkt laks, hakket
- 1 kopp grønn løk, hakket
- 3 ss vegetabilsk olje
- Røkt laks Latkes

1. Riv poteter, og press ut så mye juice som mulig med hendene.
2. Legg poteter i en stor miksebolle, tilsett mel, salt og pepper; rør godt om
3. Tilsett røkelaks og grønn løk, rør for å kombinere 4. Hell 1 ss olje i en stor ildfast bakebolle med grunne sider; spre olje over bunnen.
4. Slipp store spiseskjeer av potetblandingen ½ tomme fra hverandre i en smurt form, flat litt.

5. Stek i ovnen i ca 8 minutter eller til latkene er gyldenbrune.

KONKLUSJON

Røyking er ikke lenger bare til oppbevaring. Det er nå vanlig å se røkt kalkun og ost i supermarkeder siden folk elsker denne smaken. Røkt bryst, ribbe og kylling er nå kjent, men god smak er ikke begrenset til kjøtt. Røkte grønnsaker, nøtter og til og med frukt blir tradisjonelle delikatesser.

www.ingramcontent.com/pod-product-compliance
Lightning Source LLC
Chambersburg PA
CBHW070650120526
44590CB00013BA/900